厦门大学知识产权研究丛书

总主编　林秀芹

本书受厦门大学“双一流”重点建设项目“一带一路”学科群建设专项资金资助出版

消费者保护视角下的技术措施规制研究

董慧娟◎著

Study on the Regulation of Technological Protection Measures from the Perspective of Consumer Protection

知识产权出版社
全国百佳图书出版单位
—北京—

图书在版编目（CIP）数据

消费者保护视角下的技术措施规制研究/董慧娟著. —北京：知识产权出版社，2021.11

ISBN 978-7-5130-7758-3

Ⅰ.①消… Ⅱ.①董… Ⅲ.①知识产权保护—研究—中国 Ⅳ.①D923.404

中国版本图书馆 CIP 数据核字（2021）第 202883 号

责任编辑： 刘 睿 邓 莹
责任校对： 王 岩
封面设计： SUN 工作室 韩力君
责任印制： 孙婷婷

消费者保护视角下的技术措施规制研究

董慧娟 著

出版发行： 知识产权出版社有限责任公司
网　　址： http：//www.ipph.cn
社　　址： 北京市海淀区气象路 50 号院
邮　　编： 100081
责编电话： 010-82000860 转 8346
责编邮箱： dengying@cnipr.com
发行电话： 010-82000860 转 8101/8102
发行传真： 010-82000893/82005070/82000270
印　　刷： 北京九州迅驰传媒文化有限公司
经　　销： 各大网上书店、新华书店及相关专业书店
开　　本： 720mm×1000mm 1/16
印　　张： 13
版　　次： 2021 年 11 月第 1 版
印　　次： 2021 年 11 月第 1 次印刷
字　　数： 200 千字
定　　价： 66.00 元

ISBN 978-7-5130-7758-3

谨以此书献给我亲爱的孩子们——余子函和余子欣，祝他们健康成长，好好学习，长大后成为对国家、对社会有用的人才！衷心感谢我爱人多年来对我工作的巨大支持，幸而有他的奉献与默默付出，本书才能如期付梓。

前　言

技术在给我们的生活带来极大便利和巨大福利的同时，也将我们的生活卷入技术控制的旋涡。从苹果手机的“解锁”和“越狱”、点读笔的非兼容性，到机顶盒中的密码控制，在纷繁复杂的技术控制现象的背后，都是“技术自治”现象常态化的生动写照。

作为著作权人以及广泛的数字产品（或服务）的生产销售商的私人自治手段和有力“武器”，技术措施已广泛应用于各种数字产品，不论是线上的信息网络传播、移动互联、大数据挖掘、云计算平台、音乐产业、内容产业，还是线下的数字产品，均十分容易引发与技术措施有关的疑虑或纷争。

在与技术措施制度有关的若干主体中，除了受到关注较多的著作权人、其他权利人和社会公众，消费者的权益是特别需要引起重视然而又常被忽视的一个存在。在制定版权立法的历史过程中，消费者利益一直是缺位的，至少是未得到充分重视的。没有消费者参与是可悲的，由于数字技术和互联网开启了许多新的政治、社会、经济、教育和职业机会，而消费者的持续缺乏参与之状况，尤其令人担忧。

事实上，内容产业的发展和数字产品的层出不穷，也与消费者权益、消费者福利息息相关。消费者的一举一动都将对市场、对生产销售者的行为与决策等产生重大影响。虽然技术措施的反规避保护制度被规定于著作权法中，但消费者对自身合法权益的关注和捍卫、对数字产品（含数字作品）的各种强烈期待和需求、对与技术措施有关的具体信息的知情权和隐私保护等，无一不是迫切需要法律给予回应并予以解决的重要问题。建议我国日后在完善技术措施相关制度时，要充分重视并高度关注消费者的各种强烈呼声，不再让消费者利益继续缺位。

技术措施对广大消费者等主体以及社会公众的各种影响，需要从多方面、多层次予以考察。其中，经济学分析是一个十分值得重视的角度，尽管这一角度常常被忽略。通过对技术措施的经济学分析，笔者发现：一方面，技术措施应用能为消费者及公众带来一定的正外部性，因此，从法律上确立对技术措施的反规避保护，有一定的正当性和必要性；另一方面，若对其保护不加限制、不设足够的例外，其结果是技术措施的产量过高，超过社会最优量。由此，为了解决市场失灵导致的技术措施过于泛滥的现象，我们需要从经济手段和法律手段两方面来思考对策。

现今技术措施应用对消费者施加了各种负外部性，包括但不限于：格式条款的不公平性和非法性，技术措施相关信息缺乏透明度所导致的对消费者知情权、自由选择权的侵害，非兼容性、区域控制和捆绑销售导致的伤害，加剧消费者个人信息被泄露的风险，安全漏洞与数据安全隐患，难以预见的规避责任风险，数字作品二手市场的消亡，等等。

技术措施的应用对消费者购买后的使用行为造成了种种始料不及、大跌眼镜的阻碍或限制：有的限制了消费者出于合理、私人和非商业化目的灵活使用和复制相关作品或信息内容的权利；有的导致消费者期望与失望的鲜明落差，消费者期望的使用方式往往受到较多限制，甚至是不合理限制；有的不符合透明度原则，未尽披露、告知或通知义务，导致消费者的知情权形同虚设；有的直接侵害消费者的自由选择权，涉嫌限制交易、损害竞争等不正当竞争或垄断行为；有的直接侵害消费者的个人信息甚至隐私权益；有的隐蔽性强，可能导致消费者的规避责任风险但消费者并不知情；上述种种将对消费者造成额外的成本、负担甚至法律责任。

很显然，技术措施的广泛应用乃至滥用，将对广大消费者产生广泛而深远的消极影响。此外，技术措施对社会公众利益的消极影响，对公有领域和合理使用的侵蚀和蚕食，对信息公平的损害、导致信息分配失衡、对言论自由等其他方面的消极影响等，也早已为人所诟病。值得注意的是，这里所指的广大社会公众，也覆盖了为数不少的已合法取得作品电子版的消费者；而且，社会公众中也有不少潜在的消费者。此外，在双边市场现象普遍存在的今天，“消费者”与“非消费者”的界限已然模糊起来，并非以前的“泾渭分明”了。

鉴于以上原因，本书希望能从立法层面对技术措施相关主体的权利义务分配的现状，尤其是技术措施实施者与实际消费者及潜在消费者（广大社会公众）之间的权利义务分配问题进行反省、审视，深入分析、客观评估技术措施反规避保护对广大消费者福利及著作权法利益平衡的冲击与减损效应，从而探寻出矫正其不良影响、有效确保各种限制与例外得以实现的具体机制，对技术措施的实施与应用予以规制和限制，有效抑制技术措施被过分保护甚至被滥用而导致的种种消极影响，即“技术之恶”。

具体来说，本书从深入分析技术措施的本质和相关主体间的法律关系入手，首先厘清与技术措施相关的多方主体之间的权利与义务关系；其次另辟蹊径，从技术措施的经济学分析，包括技术措施广泛应用的法经济学分析、面对市场失灵时的矫正与应对，从这一新的视角来揭示技术措施对数字经济时代数字福利、社会总福利的影响；并在前述肯定技术措施的应用具有一定的积极意义和影响的基础之上，全面揭示并深入剖析技术措施的实施或应用本身、一国立法对技术措施相关权益予以承认及法律保护后在理论上和实践中可能对消费者福利及社会公众利益产生的各种消极影响，同时探索有效遏制技术措施本身和对技术措施的反规避保护法律制度的潜在消极影响的总体思路和有效路径，继而为后文展开论述做好铺垫；此外，重点就从严设定技术措施反规避保护的条件，合理确定对技术措施的反规避保护范围、水平和程度，切实加强对消费者权益的保护，明确规定技术措施保护与合理使用制度之间的关系等关键问题展开研究，尤其是设专章探讨我国禁止规避的例外与限制情形的必要扩充，并提出在立法中创设技术措施的保护期限制度；设专章探讨在立法中创设技术措施实施者的法定义务与责任制度，如信息披露义务（透明度原则）、特定条件下的解锁义务、消费者个人信息（含隐私）保护义务、自己责任原则等。结论部分除对本书的基本结论和重要观点进行梳理总结外，还就我国技术措施相关法律制度的立法完善及司法适用提出了若干对策建议。

本书在对我国与技术措施规制相关的立法或司法层面提出相关意见或

建议时，均有对相关国际公约或他国立法规定或实践经验的介绍，以资参考或借鉴，如《视听表演北京条约》《马拉喀什条约》等国际公约，以及美国、日本、新加坡等国近几年立法的最新动态等。

希望本书的主要观点和提出的对策建议能引起学界、立法界、司法界以及广大消费者的关注、重视乃至共鸣！

目 录

导 论

一、本书的写作目的与意义

今天，我们的生活被浓浓的技术色彩所包裹。技术在给我们的生活带来极大便利和巨大福利的同时，也将我们的生活卷入技术控制的旋涡中。从苹果手机的“解锁”和“越狱”，点读笔的非兼容性和非通用性，到机顶盒中的密码控制，浏览器或设备对视频网站的广告屏蔽，涉及技术措施或技术手段的现象比比皆是。纷繁复杂的技术控制（或技术限制）现象让人目不暇接；而这些现象都是将技术本身当作规范、规则，甚至是披着法律保护外衣的“技术自治”现象，这已成为常态的生动写照。

作为著作权[1]人及广泛的数字产品或服务的生产、销售或提供者等主体的私人自治手段和私人执行措施，技术措施在现实中已被广泛应用于各种数字产品（或服务），包括但不限于线上的信息网络传播、移动互联、大数据挖掘、云计算平台、音乐产业、内容产业，也包括线下的数字产品，这些被普遍应用的技术措施极有可能引发与技术措施有关的疑虑或纷争。

本书希望能从身边的各种与技术措施相关的现象入手，对技术措施在现今法律体系中的地位、相关主体的权利义务分配的现状进行分析，并深入探讨禁止规避技术措施的法律保护可能对消费者、有合理使用需求的使用人（包括个人使用）、享受限制与例外（豁免）益处的受益人以及广大

[1] 若无特别说明，本书中的“著作权”与“版权”是同义语，可相互替换。

社会公众的权益造成的消极影响，客观评估技术措施的反规避法律保护制度对原著作权法律制度利益平衡的冲击与减损效应，在此基础上，探寻出矫正其不良影响、有效确保各种限制与例外得以实现的具体机制，对技术措施的实施与应用予以规制、限制，切实起到有效抑制技术措施被过分保护甚至被滥用而可能导致的种种消极影响，即“技术之恶”。

二、本书的创新程度、突出特色和主要建树

（一）研究范围和研究视角的创新

与传统研究囿于版权法领域的研究范围或视角形成鲜明对比的是，本书的独特视角是从广大消费者的视角出发。一直以来，消费者权益和消费者福利问题未能在技术措施相关法律制度研究中占据一席之地，其重要地位十分容易被忽略，消费者需求和消费者关注处于缺位状态。

为此，本书专门深入分析消费者权益和消费者福利问题，从数字福利的产生、分配入手，深入分析在数字产品（含数字作品）或服务在技术措施实施的实践层面和实际应用中因缺乏提前的、充分的披露或通知程序而对消费者造成的透明度问题、个人信息跟踪、收集、利用、泄露等问题，引发的网络安全风险等问题，详细解读消费者因技术措施实施而面临的种种风险或损害，并力图从法律制度层面重新建构起能为消费者防御上述种种风险或损害的保护墙。

（二）研究方法的创新

本书（主要集中于第二章）采用经济学分析方法，对技术措施本身以及附着了技术措施的数字产品（含数字作品）或服务等进行经济分析。其主要体现于以下几方面的内容：

（1）分析数字福利的增长、分配与分享。

（2）分析作品的正外部性，以及技术措施应用对克服作品正外部性的作用。

（3）分析技术措施的外部性效应，列举了技术措施负外部性的表现——为消费者施加的额外成本：侵害知情权、选择权，非兼容性，区域控制，捆绑销售，锁定效应，影响数字产品定价等。

（4）分析技术措施产量与社会最优量之间的关系，得出结论：若不加以控制，极易导致技术措施产量过高、超过社会最优量，因而须采取措施加以控制。

（5）分析应对市场失灵的矫正手段（包括经济手段和法律手段），以及经济手段中具体方案的抉择。

（6）在"消费者"的界定方面，分析双边市场现象普遍存在对"消费者"界定的影响，该现象导致"消费者"与"非消费者"的界限趋于模糊，并非"泾渭分明"。消费者的范围有所扩大，包括实际消费者、潜在消费者等。"消费者"不一定都有明显的被收费、被要求支付等行为特征。

（三）研究内容和研究结论的创新

（1）结论一：技术措施自身的独特优势，使其在现实中被著作权人和出版商、生产销售商等过分依赖、过多使用甚至被滥用的倾向和现象比较明显，技术措施被广泛采用将导致对消费者福利、竞争秩序、信息获取与传播等方面的消极影响，不容忽视。

（2）结论二：我国现行法对技术措施的保护水平较高，但对技术措施实施者的义务、责任及其限制性规定太少，致使数字产品领域的消费者权益易陷入被技术措施侵害的威胁和危险中，这一状况亟待矫正。

（3）结论三：结合我国现行《著作权法》的相关规定，具体地从立法、司法等方面提出若干对策与建议。主要内容如下：其一，合理确定我国技术措施反规避保护的范围和水平。①建议确立对技术措施提供有限保护的总体原则和思路。梳理技术措施的主要类型并进行实证调研，在分析技术措施的种类及其消极影响程度、分析各种规避行为危害性的基础上，根据我国现实情况适度确定对不同种类技术措施的具体保护范围、程度和水平。建议对控制访问的技术措施提供有限保护，避免目的立法中过于笼统、概括的规定。②从严设定和把握技术措施反规避保护的条件。重点考察我国对控制使用的技术措施进行保护的必要性，比较对此种技术措施的直接规避行为与准备行为的性质以及危害程度，审视我国目前提供的保护水平是否过高，梳理并明确规定对该种技术措施的保护与合理使用制度之间的关系。③细化对技术措施规避行为的侵权构成要件的规定。对不同形态、种类的规避行为之定性与传统的版权侵权行为之间的关系进行深入研究，建议在对规避行为定性时，将规避行为与其后的行为联系起来进行综合考量。规避行为之后若有传统版权法上的侵犯版权的行为，则构成违法、侵权；若无，则不构成。若规避工具实际上具有实质性非侵权用途，则该准备行为也不构成违法。

其二，明确设立技术措施的保护期限制度。建议法律明确设定技术措施的保护期限限制，以保持与版权法本身的一致性，防止假借技术措施之名延长作品的保护期限。技术措施的保护期限原则上附属于其保护客体的保护期限，故应由其保护客体来决定，技术措施与其保护客体，两者的到期时间应保持一致，即同时终止。

其三，创设技术措施实施者的法定义务与责任制度。建议法律明确创设该制度，至少包括以下 4 项：信息披露义务（透明度原则）、特定条件下的解锁义务、消费者个人信息（含隐私）保护义务和自己责任原则。

其四，拓展技术措施反规避保护的限制与例外的范围。深入分析我国现行法对禁止规避技术措施的限制与例外规定上的不足，并对例外情形的拓展与完善提出了 6 项具体建议：①增设基于合理使用目的的例外；②完善出于保护弱势群体利益目的的例外；③增设为保护消费者及社会公众个人信息（含隐私）等权益的例外；④增设为保护未成年人合法权益的例外；⑤增设针对技术措施滥用行为的例外；⑥适当增设禁止间接规避行为的例外。

其五，明确合理使用制度与技术措施保护之间的关系。

其六，采取有效措施遏制各种技术措施滥用行为。

三、本书的主要资料来源

总体来看，本书资料收集的范围相对比较广泛，从时效性看是比较新的。笔者收集了来自若干典型国家的法律文本、文件、法案等材料，若干份研究报告（如来自欧盟、部分欧洲国家的）等学术成果，此外还收集了不少案例或判例，以及来自产业界的惯常做法或实践情况等。

（1）就资料收集所来源的国家的地域范围看，既有来自美国的，也有来自德国、法国等典型的欧盟成员国的，此外还有日本、韩国、新加坡等亚洲国家的与技术措施反规避法律保护制度相关的法律规定，覆盖了美洲、欧洲（包括欧盟地区和欧盟成员国）、亚洲等世界上主要区域的典型国家。

（2）就法律制度所涉及的领域而言，由于传统版权法的相关内容并非本项目的重点研究对象，笔者重点收集了“消费者权益保护法”“反不正当竞争法”“数字媒体消费者权益法”“个人信息保护法”“反垄断法”等领域涉及对技术措施实施予以规制、限制和例外等方面的规定。

（3）除了国别研究，本书还介绍了若干具有典型意义的、新近生效的国际公约，如《马拉喀什条约》[1]《视听表演北京条约》中与技术措施规制相关的内容，尤其是涉及受益人权益实施与实现机制、途径等方面的重要内容，与本书的研究内容（研究重点）密切相关。

（4）在司法案例方面，本书收集了来自中国、美国、法国、比利时、欧盟等国家或地区的若干案例[2]。

---

[1] 该条约全称为《关于为盲人、视力障碍者或者其他印刷品阅读障碍者获得已出版作品提供便利的马拉喀什条约》，为简化表述，本书将该条约简称为《马拉喀什条约》。

[2] 本书中援引、参考、研究或提及的案例，散见于本书的各章中，参考文献部分仅仅列举最主要、最重要的案例。

第一章　技术措施的本质以及相关主体间的法律关系

第一节　技术措施的概念和本质

一、技术措施的界定和分类

（一）技术措施的界定

技术因其自身的特性，只要符合科学原理并被运用到人类的社会生活中，必将为人类带来诸多方便，极大地解放人类的双手和身体。因此，技术在人类的社会发展中扮演着重要的角色，而措施是指为完成某项任务或达成某个目的而采用的方法、技术或手段。从词义上看，技术与措施存在细微差别：措施包含了在技术、手段背后的目的，而技术则更倾向于指代“客观的”方法和原理。所以，将技术与措施结合起来就能发现，技术措施的范围十分广泛。从纯技术的角度看，任何能起到特定作用的技术性手段都可称为“技术措施”，即凡是为达到一定的目的而利用自然规律的各种技术、手段和方法，都可称为技术措施。

尽管如此，本书是从法律制度的领域和视角来论述法律对技术措施的保护及其规制的，而从国际社会以及一国国内法相关法律制度的缘起与历史沿革看，法学界一般认为，技术措施（Technological Protection Measures，

TPMs/TPM）或称“技术保护措施”，是一个具有特定含义、范围相对比较窄、须符合特定条件方能获得法律保护的术语。

例如，在韩国著作权法中，“技术保护措施”是指由权利人或受托人为了有效防止或限制他人侵犯依照韩国著作权法享有的著作权和其他权利而应用的技术措施。在此，主体要素和目的要素都很清晰，这就使得著作权法中禁止规避的“技术措施”与一般意义上的“技术措施”之间的界限十分清楚。

实际上，在著作权法领域中的禁止规避的“技术措施”，是指著作权人（及相关权利人）为保护自己的作品及其享有的著作权，在作品之上施加的某些技术手段，能防止用户接触自己的作品、使用或复制自己作品等方面，以此来限制用户在未经自己同意的情况下私自动用自己的作品。可见，技术措施多指软件，而非硬件，是一种旨在保护著作权和相关权的系统，如数字权利管理系统（DRM）。

在我国《著作权法》的修正过程中，技术措施相关问题曾存在较大争议。在2014年国务院法制办公室公开征求意见的《中华人民共和国著作权法》（修改草案）［以下简称《著作权法》（修改草案）］中，首次在法律中拟对“技术措施”明确地进行定义。该草案第68条规定：“本法所称的技术保护措施，是指权利人为防止、限制其作品、表演、录音制品或者广播电视节目被复制、浏览、欣赏、运行、改编或者通过网络传播而采取的有效技术、装置或者部件。”❶ 然而，2020年4月30日我国官方公布的《中华人民共和国著作权法（修正案草案）》［以下简称《著作权法修正案（草案）》］中却又没有“技术措施”的定义性规定。可见，对技术措施的概念和含义，我国当时可能尚未达成一致意见。不过，在我国最新修正的、现行《著作权法》❷ 中，第49条第3款明确规定，“本法所称的技术措施，是指用于防止、限制未经权利人许可浏览、欣赏作品、表演、录音录像制品或者通过信息网络向公众提供作品、表演、录音录像制品的有效

❶ 王迁．“技术措施”概念四辨［J］．华东政法大学学报，2015（2）．

❷ 本书中的《著作权法》，若无特别说明，都是指我国2020年11月11日通过并于2021年6月1日起施行的新《著作权法》，即现行《著作权法》。

技术、装置或者部件”。

笔者认为，上述定义中强调了“有效”二字，这是值得肯定的。但是，将“技术、装置或者部件”全部纳入“技术措施”的范围之中，值得斟酌，这似乎过分扩大了其范围。“技术措施”本质上是一种技术、手段，而不应延及该技术、手段所附着的装置、设备或部件等固件、硬件，否则，在解释技术措施的实施或采用时将陷入逻辑不清的危险中。因此，在对“技术措施”下定义时，可参考部分其他国家的相关规定，应当局限于“技术”本身，其一般表现为软件（软体）、系统、控制机制等。

（二）技术措施获得法律保护的开端

技术措施是一种客观的存在，其之所以能进入法律保护的制度框架内，与著作权人不断扩大自己的权利范围、寻求对技术的法律庇护的强烈呼声是分不开的，这主要是随着数字技术的发展，著作权人试图控制作品复制等使用行为、预防侵权的难度增大所导致的。

1996 年 12 月 20 日，120 多个国家的代表于日内瓦 WIPO 外交会议上同意并签署了《世界知识产权组织版权条约》（WCT）和《世界知识产权组织表演及录音制品条约》（WPPT），标志着“互联网条约”的诞生。这两个国际条约将为保护版权而采用的技术措施纳入版权法的保护范围。自此，各缔约方在完成国内法转化时先后走上了“技术 + 法律”的保护之道。

我国于 2001 年修改著作权法时增加了关于技术措施保护的内容，2006 年颁布了《信息网络传播权保护条例》，2010 年再次修改著作权法并对相关条款作了细微修改。最新修正的《著作权法》再次修正、完善了相关法律制度。可以说，我国于 2001 年确立了对技术措施的反规避法律保护制度，其后经历了不断完善的过程。

（三）技术措施的分类

实践中，技术措施的种类和表现形态多种多样。

1. 防御性技术措施和攻击性技术措施

根据技术措施的性质和作用，可将技术措施分为防御性技术措施和攻击性技术措施。防御性技术措施是指目的仅在于保护版权等权利，如控制接触的、控制浏览或使用的、控制复制或传播的技术措施等，是最常见的技术措施。攻击性技术措施是指包括追踪、识别作品、阻止或制裁非法使用行为的技术措施，其作用方式一般是主动出击型，一旦消费者从事某些特定的侵权行为，该技术措施将会主动触发，进行一系列攻击行为，如致使系统黑屏、系统遭破坏、病毒侵袭等。相比之下，攻击性技术措施的破坏性较强，倘若被广泛采用，将破坏消费者相关设备的稳定性和安全性，因此其也被称为恶意技术措施。

与攻击性技术措施相比，防御性技术措施的目的更符合法律保护技术措施的初衷，其是一种善意的技术措施，作用方式也较为温和，更易得到法律的反规避保护。恶意技术措施不仅在合法性方面存疑，相关权利人对其应用于产品或作品上给消费者、用户造成损害的，还应依法承担法律责任。

2. 控制访问（接触）的技术措施和控制使用（复制）的技术措施

根据具体功能的不同，技术措施还可分为控制访问的技术措施和控制使用的技术措施。这是一种很常见的重要分类，《美国千禧年数字版权法》（DMCA）第 1201 条就区分了控制访问的技术措施（Access Control TPM）和控制使用的技术措施（Copy/Use Control TPM）。前者又称“防止接触的技术措施”，旨在防止或控制对作品未经许可的访问或接触，如设置口令或密码等；后者又称“防止复制的技术措施”，旨在防止或控制对作品的未经许可的使用，即对作品的复制、修改、发行、打印等的限制，比如设置不能复制、修改的限制，给文档添加水印等。

这两类技术措施的保护对象是不同的。显然，控制访问的技术措施保护的并非著作权本身，因为在传统的著作权法领域，著作权人并不享有禁止他人接触作品的权利。

值得注意的是，控制访问的技术措施与控制使用的技术措施并非总是泾渭分明或者截然对立的。在现实生活中，权利人有可能采用兼具两种功能的技术措施，将控制访问的技术措施与控制使用的技术措施融入同一套技术措施中，让人无法将两者分离开来。电影产业界中广泛应用的“内容扰乱系统”就是一个典型的复合性例子，它首先会对电影的内容本身通过“扰乱”的方式进行加密，只有使用“DVD 复制控制联盟”（DVD CCA）许可制造的、安装了“密钥”的 DVD 播放器或光驱，才能在播放电影时将被“扰乱”的内容复原。❶ 可见，该系统实际能起到在未经许可的情况下阻止顺利接触、正常观看或播放电影内容的作用。与此同时，该系统还会阻止消费者将 DVD 中的电影内容通过 DVD 光驱等通常工具或手段复制到其他存储设备或存储空间，如电脑硬盘、可移动硬盘、U 盘等。因此，很明显，该系统兼具控制访问和控制复制两种功能。

除了以上两种对技术措施的主要分类方法外，还有其他分类方式，如在日本，为区分“技术保护手段”❷ 和“技术限制手段”❸，其将这两种手段分别规定在《日本著作权法》和《日本反不正当竞争法》中。

（四）技术措施规避行为的分类

在不少国家或地区，考虑到技术措施规避行为的主体和具体方式存在差异，立法、司法实践和学术界对规避行为也作了划分，一般是将规避行为划分为“直接规避行为”和“间接规避行为”。直接规避行为是指行为人自己直接实施的规避行为，间接规避行为（也称为“准备行为”）则是指通过销售、转让等方式提供规避技术、设备、装置、部件，或者通过制造、输入等方式协助他人实施直接规避行为。

进行这样的区分，是因为在部分国家，法律对不同的规避行为采取不同态度。以美国为例，对直接规避行为，美国 DMCA 禁止规避“控制访问的技术措施”，但却不禁止规避“控制使用的技术措施”。然而对技术措施

---

❶ 王迁. 版权法对技术措施的保护与规制研究［M］. 北京：中国人民大学出版社，2018：31.

❷ “技术保护手段”是指用电磁方式来防止或抑止侵害著作权等（著作者人格权、著作权、表演者人格权及著作邻接权）行为的一种手段，是用机器将作出特定反应的信号与作品等一起存储到存储载体或进行传输的方式来实现的一种手段。参见《日本著作权法》第 2 条第 1 款第 20 项。

❸ “技术限制手段”是指用视听机器将作出特定反应的信号与影像、音乐或程序一起存储到存储载体，或进行传输的方式，以及用视听机器为使影像、音乐或程序必须进行特定的变换才能利用，而对影像、音乐或程序进行变换并存储到存储载体，或进行传输的方式来实现的一种手段。参见《日本反不正当竞争法》第 2 条第 11 款和第 12 款。

的间接规避行为（准备行为），包括美国、欧盟、澳大利亚在内的国家或地区都严格禁止制造、出售、进口、传播专门用于规避技术措施的技术以及装置、设备等硬件，不论该项技术措施的类型是属于“控制访问”的还是“控制使用”的。

（五）我国法律法规对技术措施的反规避保护

目前，对技术措施的反规避保护，直接相关的规定主要体现在我国现行《著作权法》《刑法修正案（十一）》等法律法规、司法解释等文件中。在法律责任方面，可以说主要体现为相应的民事责任与刑事责任。

1. 民事责任

就民事责任而言，我国立法对技术措施提供的反规避保护，有一个循序渐进的发展过程。

我国《著作权法》（2010年版）的相关规定似乎未严格区分控制访问的与控制使用的两类技术措施；在规避行为方面，仅规定了禁止实施直接规避行为。但是《信息网络传播权保护条例》中增加了禁止“制造、进口或者向公众提供主要用于避开或者破坏技术措施的装置或者部件”，或“为他人避开或者破坏技术措施提供技术服务”这类准备行为（间接规避行为）；在技术措施的分类方面，该条例并未区分技术措施的不同类型，只是笼统地规定了技术措施的功能在于防止“浏览、欣赏”以及“通过信息网络向公众提供”的行为。

在我国《著作权法》（修改草案）（2014）中，也是以“复制、浏览、欣赏、运行、改编或者通过网络传播”这样的概括性表述统摄了技术措施的类型。

2020年4月30日我国公布的《著作权法修正案（草案）》则对技术措施作了较详细的规定。该草案第47条规定：“为保护著作权和与著作权有关的权利，权利人可以采取技术措施。未经许可，任何组织或者个人不得故意避开或者破坏技术措施，不得以避开或者破坏技术措施为目的制造、进口或者向公众提供有关装置或者部件，不得故意为他人避开或者破坏技术措施提供技术服务。但是，法律、行政法规规定可以避开的情形除外。”

接着，该草案第48条规定了5种例外情形："下列情形可以避开技术措施，但不得向他人提供避开技术措施的技术、装置或者部件，不得侵犯权利人依法享有的其他权利：（一）为学校课堂教学或者科学研究，向少数教学、科研人员提供已经发表的作品、版式设计、表演、录音录像制品或者广播电台、电视台播放的载有节目的信号，而该作品、版式设计、表演、录音录像制品或者广播电台、电视台播放的载有节目的信号无法通过正常途径获取；（二）不以营利为目的，以阅读障碍者能够感知的独特方式向其提供已经发表的作品，而该作品无法通过正常途径获取；（三）国家机关依照行政、司法程序执行公务；（四）对计算机及其系统或者网络的安全性能进行测试；（五）进行加密研究或者计算机软件反向工程研究。"

可见，上述草案仅针对直接规避行为规定了例外情形，即允许在5种例外情形下直接规避技术措施；"但不得向他人提供避开技术措施的技术、装置或者部件"，这一规定表明，即使是在列举的5种例外情形下，同样也不允许实施准备行为（间接规避行为）。

我国于2020年11月11日通过了新修正的《著作权法》（该法已于2021年6月1日起施行）。现行《著作权法》在第49条和第50条分别从技术措施的定义、反规避保护和限制与例外等方面进行了规定。

该法第49条规定："为保护著作权和与著作权有关的权利，权利人可以采取技术措施。未经权利人许可，任何组织或者个人不得故意避开或者破坏技术措施，不得以避开或者破坏技术措施为目的制造、进口或者向公众提供有关装置或者部件，不得故意为他人避开或者破坏技术措施提供技术服务。但是，法律、行政法规规定可以避开的情形除外。本法所称的技术措施，是指用于防止、限制未经权利人许可浏览、欣赏作品、表演、录音录像制品或者通过信息网络向公众提供作品、表演、录音录像制品的有效技术、装置或者部件。"

该法第50条规定："下列情形可以避开技术措施，但不得向他人提供避开技术措施的技术、装置或者部件，不得侵犯权利人依法享有的其他权利：（一）为学校课堂教学或者科学研究，提供少量已经发表的作品，供教学或者科研人员使用，而该作品无法通过正常途径获取；（二）不以营利为目的，以阅读障碍者能够感知的无障碍方式向其提供已经发表的作品，而该作品无法通过正常途径获取；（三）国家机关依照行政、监察、司法程序执行公务；（四）对计算机及其系统或者网络的安全性能进行测试；（五）进行加密研究或者计算机软件反向工程研究。前款规定适用于对与著作权有关的权利的限制。”

不难发现，现行《著作权法》第 50 条规定的 5 种例外情形，与之前的《著作权法修正案（草案）》中的 5 种情形相比，是有些许差异的。相同之处在于，这 5 种例外情形，同样仅适用于直接规避行为，即能构成直接规避行为的例外，但不适用于提供规避设备或规避手段的场合。

2. 刑事责任

我国于 2020 年 12 月 26 日通过了《中华人民共和国刑法修正案（十一）》[1]，该修正案第 20 条对《刑法》第 217 条（“侵犯著作权罪”）作了重要修改，新增了第（六）项——对技术措施规避行为的定罪量刑问题，具体条款表述如下：

以营利为目的，有下列侵犯著作权或者与著作权有关的权利的情形之一，违法所得数额较大或者有其他严重情节的，处三年以下有期徒刑，并处或者单处罚金；违法所得数额巨大或者有其他特别严重情节的，处三年以上十年以下有期徒刑，并处罚金：

……

（六）未经著作权人或者与著作权有关的权利人许可，故意避开或者破坏权利人为其作品、录音录像制品等采取的保护著作权或者与著作权有关的权利的技术措施的。

上述规定明确新增了我国刑法对规避技术措施这类行为的规制，规定了定罪量刑问题：在符合法定构成要件的前提下，构成侵犯著作权罪。不过，上述规定似有语焉不详之嫌，在应对复杂多样的行为和场景时，很可能出现灵活性有余、限定性不足的消极影响，在具体适用上，很可能会在

[1] 该修正案已于 2021 年 3 月 1 日起施行。

司法实践中引发分歧或疑惑。

（1）直接规避行为与间接规避行为。

对于“故意避开或者破坏”技术措施的行为，在司法适用中进行解释时，至少可以有两种方案：一种是狭义解释，直接从文义、字面解释，将刑法的打击范围限定于直接规避行为，即直接实施规避行为、产生规避结果的具体行为及其主体，但不包括为他人的直接规避行为“制造、销售或提供规避设备”或者“提供规避服务”的行为及主体；另一种是目的解释，鉴于我国现行《著作权法》第49条和第50条已经明文规定禁止直接规避行为且禁止提供规避设备、部件、服务等，因此，刑法的打击范围也与之相同，只是须增加“以营利为目的”“违法所得数额巨大或者有其他特别严重情节的”等刑法规定的特殊要件，以彰显行为的严重性、刑事责任与民事责任规制之间的层次性区别而已。

可见，我国刑法所要惩治的与技术措施规避相关的著作权犯罪行为，是既包括直接规避行为和间接规避行为（设备、部件或服务的提供行为），还是仅限于直接规避行为，目前尚不明确。

对于这一问题，笔者认为，作为著作权保护手段而存在的技术措施，其受到《著作权法》保护已然是著作权法律保护的副产品，而且我国《著作权法》已经为其提供了过于全面、过高的保护，正如部分学者指出的，“应当避免这种过度保护在刑法中蔓延”[1]。如果从初衷和最终目的来说，刑法对技术措施的反规避保护也应当服务于对著作权的保护，才不至于背离国际条约和本国《著作权法》对技术措施赋予保护时最初的目的和原则。与间接规避行为相比，直接规避行为往往不容易实施或实现，出于私人（个人）使用目的的情形较多，危害性相对较小，零散性或个别性发生，倘若其行为主体后续实施传统的著作权侵权行为，则直接规避行为往往被后续行为吸收，如有必要大可以直接定为侵犯著作权罪，基于这些原因，笔者认为，我国刑法应当将惩治重点放在可能引发规模性侵权、后果严重的制造、销售等各种提供规避设备或向公众提供规避服务（手段）等

---

[1] 张弟．数字版权技术措施规避行为的刑法评价［J］．昆明学院学报，2019（2）：78．

行为上，即应将打击重点锁定于间接规避行为而非直接规避行为。

（2）技术措施的种类以及规避的行为样态。

我国刑法所要规制的技术措施规避行为，是对所有技术措施的全面保护还是有所选择？仅限于对控制复制的技术措施的规避或是仅限于对控制接触的技术措施？

笔者认为，我国刑事立法至少应就以上两个问题进行明确回应，以严格遵循罪刑法定原则的要求。

二、技术措施的本质及其受法律保护的条件

（一）技术措施的本质

权利人可以自行决定是否应用以及如何应用技术措施在自己的作品上，数字内容的生产销售商也在广泛应用各种技术措施。在数字技术领域，技术措施最初主要由数字产品生产商采用，往往是自己或者委托他人设计出对数字产品进行有效保护的软件或系统，将其安装在产品上，达到限制或防止他人未经许可使用的目的。

技术措施备受青睐的原因在于，它是一种防患于未然的技术手段，可有效预防权利遭到侵害，保护效果优于事后救济，维权成本也较低廉。但若有人专门售卖能破解技术措施的相关工具、软件、装置等，就会使上述技术措施实施者“白忙一场”，劳而无功。因此，对于他们而言，规避或破解行为是不能容忍的。

技术措施本身是个中性词，并不涉及主观评判。技术措施在本质上是一种价值中立的手段和工具。不过，当技术措施广泛地被应用于具体领域时，会因目的或采用方式的不同而招致法律的不同评价。当技术措施被用于预防侵权时，这种使用就是合法的、合理的、积极的、为人们所认可的；但若其被用于其他不合法目的，如实施捆绑销售、收集用户个人隐私，甚至对消费者实施攻击性行为，则是非法的，不但不应得到法律保护，还可能涉嫌滥用技术措施。

（二）技术措施受法律保护的条件

要想受到法律的反规避保护，技术措施须满足特定的条件。现实生活中的技术措施数量庞杂，若将所有技术措施不加区分地纳入保护范围，无疑将走向另一个极端，造成严重后果。因此，有些国家立法明确规定其保护条件，或者在司法适用时有严格要求，防止技术措施被滥用。

1. 主体要件

根据我国《著作权法》（2010年版）的相关规定，实施或采用技术措施的主体须是“著作权人或者与著作权有关的权利人”，即对作品享有权利的主体；而在我国最新修正的《著作权法》中，则规定为“权利人”[1]。实际上，两者规定的内涵基本是一致的，只是后者简化了表达。对技术措施的实施者作此限定，既体现了对著作权人和作品的保护，也是为了防止技术措施被滥用导致社会公众利益受损。

2. 目的要件

技术措施的实施或采用，目的必须是为保护著作权人或其他权利人的相关权利。若其目的并非防止作品的非法接触、复制或传播，也并非防止著作权被侵害，而是实现产品的区域控制或捆绑销售，则该技术措施不应受著作权法保护，其并非法律要保护的“技术措施”。

3. 有效性要件

该要件要求技术措施必须是有效的。对“有效性”的要求最早来源于WCT和WPPT这两个国际公约，但对何为“有效性”语焉不详。我国《著作权法》《信息网络传播权保护条例》的相关规定也体现了对技术措施的有效性的要求。

欧盟的《信息社会版权指令》第6条第3款对“有效性”进行了界定：“当受保护的作品或其他客体通过权利人所采取的加密、扰频、转换形式的其他方式或者复制控制系统等控制接触或保护权利的技术措施，实现了保护目的时，该技术应被视为‘有效’。”

[1] 我国现行《著作权法》第49条第1款规定：“为保护著作权和与著作权有关的权利，权利人可以采取技术措施。”

技术措施的有效性要件在实践中非常重要，其旨在将那些能被轻易破解或规避的技术措施排除在法律保护的范围之外。过于简单、形同虚设的技术措施是无效的，不应获得法律保护。当然，应当承认，技术措施的有效性是相对的，法律也不要求是绝对的“有效”。绝对有效的技术措施通常是不存在的。

4. 对象要件

对象要件，即技术措施所针对的保护对象必须是作品或录音录像制品等著作权或邻接权的保护客体。倘若对象是其他种类的客体，则技术措施是不能享受著作权法规定的反规避保护的。

三、技术措施规避行为的性质

对技术措施的规避行为是什么性质的行为？其法律评价如何？是否构成侵权行为？这一问题存有争议，值得研究。

对技术措施的规避行为，一般是指利用一定的方法或手段，破解、拆解保护于作品之上的技术措施，使其失效、无效，从而避开、绕开、清除捆绑在作品上的技术性障碍，达到相当于没有技术措施防护时的作品的状态或效果。我国《著作权法》的一般性规定为：“未经权利人许可，任何组织或者个人不得故意避开或者破坏技术措施，不得以避开或者破坏技术措施为目的制造、进口或者向公众提供有关装置或者部件，不得故意为他人避开或者破坏技术措施提供技术服务。本法所称的技术措施，是指用于防止、限制未经权利人许可浏览、欣赏作品、表演、录音录像制品或者通过信息网络向公众提供作品、表演、录音录像制品的有效技术、装置或者部件。”这一规定列举了“避开”和“破坏”这两种具体规避方式，并强调规避者须具备“故意”的主观心态。在实际生活中，破解和规避的行为多种多样，如利用工具、序列号、注册码，破解付费软件，中途截取解密内容，等等。

对规避行为的定性，学界主要有两种观点：一种观点认为，规避行为属于广义的侵犯著作权的行为，或者认为是侵犯著作财产权的行为；另一种观点认为，规避行为不是直接侵犯著作权的行为，更不是侵犯著作财产权的行为，其不一定构成侵权。

因此，在规避行为的定性上，笔者认为需要具体问题具体分析。

（一）规避控制访问的技术措施的行为之定性

在著作权人未将作品公开发表且采用了控制访问的技术措施时，他人未经允许规避技术措施，使作品暴露出来，很可能会构成侵权。当然，不一定是侵犯了著作权，也有可能侵犯隐私权、商业秘密权等。而当著作权人已将作品公开发表，但同时又对其访问权限采取了诸如加密等技术措施的限制时，如果某人实施了规避、破解、避开、破坏技术措施的行为从而使技术措施“无效”化了，此时有可能构成对著作权的侵犯；当然，倘若构成法律规定的规避技术措施的例外情形之一，则不具备非法性或可责难性。

（二）规避控制使用的技术措施的行为之定性

若著作权人已公开发表作品，并采取了控制使用的技术措施（而非控制访问的技术措施），此时的规避行为应当分情况讨论：（1）倘若规避者在规避后继续实施了其他侵犯著作权的行为，如浏览、复制、传播等，即有可能构成侵犯著作权；（2）但若在规避后并无后续侵权行为，比如仅用于个人欣赏或家庭使用的非商业目的，则单纯的直接规避行为不宜被判定为侵权行为——鉴于行为人可能存在着合理使用等著作权侵权的抗辩理由，直接规避行为应享受一般性豁免的待遇，而准备行为（间接规避行为）则应予以一般性禁止。

由此可见，规避行为既可能构成侵权行为，也可能不构成侵权行为，须根据所规避的技术措施的种类、规避行为的具体方式（直接或间接规避行为）、规避之后的后续行为以及规避的目的，进行综合判定。其中，尤其是单纯的直接规避行为，其本身并不涉及对作品的复制、发行或是网络传播，不属于传统的需要打击的著作权侵权行为，因此就更需要结合规避的目的来判定了。

回归版权法的立法本意，我们应将规避行为与传统的版权侵权行为建立必要联系。规避行为之后须有传统的版权侵害行为，才能认定为侵权行为。因此，影响定性的关键因素很多，包括但不限于：被规避的技术措施的具体形态、规避者的主观心态、规避的目的、具体方式及其结果等。

（三）提供规避服务、规避装置等行为之定性

在实际生活中，有一些专业人士能破解、规避作品上的技术措施，不但自己使用，还将破解技术通过销售、转让、出租、出借等方式提供给他人，若放任不管，一旦传播范围扩大，可能会造成严重后果。学界将前述行为称为“准备行为”或间接规避行为，又可细分为提供规避装置（硬件）和提供规避服务（软件）。这两种准备行为都是著作权人希望重点打击的对象。

与直接规避行为不同的是，鉴于准备行为的主观恶意性和后果严重性均十分明显，而且绝大多数情况下是出于商业性目的，在不少国家和地区，准备行为都被列入著作权法规制、打击的重点范围。有些国家并不一般性地禁止直接规避行为，但却禁止“准备行为”。

对于专门提供规避装置和提供规避服务的行为，我国《著作权法》也是明令禁止的，违反者将被依法追究法律责任。准备行为被判定为侵权行为，是具有独立性的；其与直接规避行为本身是否构成违法、侵权之间并无直接关联。

第二节　与技术措施相关联的多方主体

现今我们的社会进入信息时代，数字经济的迅猛发展席卷全球。“技术措施”一词随着数字经济发展应运而生。

由于“技术措施”最早进入法律的视野是在著作权法中，而技术措施的设计、实施与应用又和消费者权益保护、市场竞争秩序、政府的反垄断、部分弱势群体或特殊群体的利益等方面休戚相关，会直接或间接对众

多主体的权利或利益、行为自由与限制、选择自由、隐私、信息获取等产生较大影响，因此，有必要在对技术措施相关法律制度展开分析之前，先对相关的多方主体进行介绍。

现实生活中，数字产品或服务是多种多样的，既有虚拟产品或服务，也有实体产品及服务，数字内容产业中的生产者、经营者，有的会将硬件设备与数字内容（包括作品或录音录像制品等）一起出售，也有的单独出售数字内容，等等。其中，电子信息产品及娱乐产品（和/或服务），如电子书、音乐播放和/或下载、视频播放和/或下载、网络游戏等，是社会大众文化消费中普及率、应用率和受欢迎程度最高的，是和大家打交道最多的，而且涵盖了受著作权保护的作品以及邻接权客体的主要类型，因此在本书中，为了表述方便，笔者将主要以数字产品（包括数字作品、服务）为例，展开讨论。

一、技术措施实施者

在与技术措施紧密相关的由多方主体形成的较为庞杂的利益格局和利益体系中，最重要的两大利益对立的主体，应该是技术措施实施者和社会公众。

技术措施实施者，即技术措施的使用者或采用者，是指亲自设计、部署、安装并应用技术措施的主体，或者为自己的利益而授权委托他人（一般是专业技术人员或团队）进行技术措施的开发、设计并将其付诸实施的主体。可见，技术措施的实施者，既可能是著作权人或邻接权人自己，也可能是经著作权人或邻接权人授权的数字产品（含作品、服务）的生产销售商，如数字出版商、产品的生产经营者。当然，根据我国现行《著作权法》第49条的规定，“权利人”是依法有权采用（采取、实施）技术措施的主体。

需要强调指出的是，本书中的“技术措施实施者”，并不包括接受他人委托、针对自己不享有著作权或相关权的作品或产品，在作品或产品之上部署、施加、附着技术措施的受托人。很显然，虽然在部分情况下，著作权人或相关权人会亲自在自己的作品等客体上施加、附着或部署某种技术措施（如针对他人访问自己的作品而设置密码），但在多数情况下，出版商或者著作权人会专门委托他人从事与技术措施开发、设计、安装实施等相关的实际工作。

由此可见，技术措施实施者的法律地位类似于广告主，虽然在多数情况下，广告的具体策划、拍摄、细节设计等并不由广告主负责，也不是广告主所制作的，但是广告的宣传对象以及最终受益人是广告主，广告的主题、总体思路等核心内容也须经广告主同意或认可，相关法律责任也是由广告主承担，如在该广告涉嫌商业诋毁、不当的比较广告时。与此相类似，技术措施的实施者需要对因技术措施而生的法律责任负责，即使是在某技术措施是由受托人而非技术措施实施者负责设计、安装的场合，受托人一般也无须对因自己负责的技术措施造成的相关法律责任承担责任。当然，若受托人与委托人（技术措施实施者）双方就该问题另有不同约定的，双方应依照合同约定，但即使另有约定，该约定也仅对双方当事人有效，不得对抗合同以外的第三人，如受损的消费者或其他社会公众。

笔者认为，用“技术措施实施者”来指称在相关作品、产品或服务上施加、部署或安装了技术措施的主体，是最贴切的。这些主体主要包括数字作品的著作权人、其他客体的权利人、数字产品或服务的生产经营者，无论其是亲自负责相关技术措施的安装过程，还是委托他人进行安装的。与“技术措施实施者”相比，“权利人”一词不太合适，因为虽然版权法为技术措施提供了反规避的保护，但这并不意味着创设了一项新权利。技术措施仍然只是该实施者维护自身权益的私力救济手段。

如上所述，技术措施的实施者，一类是受该技术措施保护的客体（对象）的著作权人或相关权利人，另一类是从著作权人处获得授权许可的主体，这些被许可人在出版数字内容、生产销售（电子）信息产品或从事其他数字产业运营之前均须获得许可，之后再在其数字产品或服务上施加或安装技术措施，以实现对客体的控制。所以，从某种意义上来说，上述第二类主体因为已从著作权人处获得了必要授权，因此，也可以将他们视为拥有部分版权的权利人。两类主体都是为了自身利益而实施或利用技术措施并将从中获益的主体。

技术措施实施者主要是为了加强其在网络环境下对作品或其他客体的保护、控制和利用，而对版权保护客体采用技术措施并将从中受益的人。当然，也不排除现实中，有人在已进入公有领域的作品或其他不受版权保护的信息之上设置技术措施的情形，这些构成对技术措施的滥用。

为了维护自身权益、实现利益最大化，技术措施实施者期望有严格且保护水平高的法律为技术措施保驾护航，希望技术措施保护能成为一项法定权利、新权利，希望法律的反规避保护时间越长越好，限制、例外规定越少越好。如此一来，通过法律制度和技术措施这两种手段，可以尽可能长时间地占有并控制相关信息资源，最大化地赚取市场利润。

总的来说，技术措施实施者在数字市场上掌握了信息资源优势、技术优势和经济优势等，能轻松实现利用技术措施控制其他主体对相关客体（属于信息资源的一部分）的接触和利用，再加上法律对规避的一般性禁止和极少数例外，容易形成垄断地位。

因此，很明显，技术措施法律制度的健康发展，需要我们对技术措施实施者的权利（特权）保持高度警惕，鉴于其占据多种优势地位，我们需要高度重视对技术措施实施者权利的限制，从公平角度看，同时要对其施加相应的义务或责任，以实现其权利与义务的对等性。

二、著作权人和相关权利人

著作权人和相关权利人是最主要的技术措施实施者，在部分国家甚至是法律承认的、唯一能享受技术措施反规避保护的待遇的主体；并且，技术措施的开发设计、安装实施等都是为著作权或相关权保护服务的。可见，著作权人和相关权利人对于技术措施制度具有重要意义。

我们再看看其对立面，即相对立的另一方主体。技术措施实施者的相对方，其身份有多种可能性，我们可根据技术措施实施者所提供的作品、产品或服务的性质来区分：(1) 若是无偿提供（无须支付对价）的，则其相对方是一般社会公众，包括了作品使用人、潜在（有意愿或有需求）的使用人或普通社会公众；在并非完全开放，而是只对一部分特定人群定向提供时，其相对方则是一小部分人，即合法获得访问权限或合法享受相关服务的使用人；(2) 若是有偿提供的，则其相对方一般是消费者，也可能是与消费者有密切关系的人，例如，其家人（包括未成年子女）或朋友。

三、消费者

"消费者"一词，往往具有特定含义。但在不同的环境或条件下，人们对它的理解似乎存在差异。

比较典型的例子是，在传统的民法学和经济法学的视野中，"消费者"所指向的，必须是支付了相应对价从而获得某种产品或享受服务的购买方，在此，有偿、对价、支付都是关键词，缺少了它们，就不能被称为"消费者"。

然而，在"消费者"的界定问题上，双边市场现象的普遍存在对"消费者"的界定有一定影响，导致"消费者"与"非消费者"的界限趋于模糊，并非"泾渭分明"。而且，消费者的范围有所扩大，包括实际消费者和潜在消费者等。"消费者"不一定都有明显的被收费、被要求支付等行为特征。在现今网络经济盛行的背景下，部分法律关系主体之间的关系被置于更复杂、更令人迷惑的双边市场[1]中，而在双边市场相关理论的指引下，我们能轻易地刺破"免费"的外衣，探知产品或服务提供者真正赖以生存的商业模式，从而准确地将某些"免费"互联网用户（免费使用人）顺理成章地认定为"消费者"。

可见，"消费者"身份之判定或认定，并不是机械的，也不是一成不变的。需要始终坚持的一点是，任何一个消费者个体或群体都是在市场经济体系中与经营者发生互动所形成的，因此，消费者身份的判定必须辅之以这一互动过程的佐证。这一互动过程可以被笼统地总结为经营者与消费

[1] 双边市场，也称双边网络（Two-sided Networks），是有两个互相提供网络收益的独立用户群体的经济网络。

者之间发生的“消费关系”，这是最为核心的一点。在双方存在消费关系时，表面上的免费使用人应被认定为“消费者”，可依法享受我国相关法律所规定的消费者的相关权益。

四、使用人

对文学艺术作品而言，除了作品的创作者，“使用人”也是一个极其重要的术语。在技术措施首次被纳入法律保护范围的标志性立法——著作权法（或版权法）中，“使用人”及“合理使用人”既是著作权人与社会公众相连接的重要桥梁，也是著作权法永远孜孜以求的实现著作权人私人利益与社会公众利益平衡的重要践行者，是重要的权利主体和义务主体。

然而，当我们将目光移向我国《著作权法》的具体条文时，却发现一个令人尴尬的现象：我国《著作权法》并未明确提及“使用者”一词，也未对其进行确切的界定。这一点并非我国独有。如欧盟，欧盟于1999年通过的7项版权相关指令中，几乎没有提到“使用者”，同样也未提到“消费者”；在欧盟版权法中，同样难觅“使用者”一词的踪影。[1] 又如美国，《美国版权法》中并未用一以贯之的统一称谓来指代使用人，虽然多次提及“作者”和“版权人”，但对于获得并使用或消费版权作品的相对方，却没有专门的术语来指代，而是在不同场合将其称为“人们”（persons）、“公众”（the public）、“传播接受者”（transmission recipient）、“用户”（subscriber）或“消费者”（consumer）[2]。

应当承认，“使用人”是一个极具普遍性和广泛性的群体，按文义解释即指使用他人作品或其他客体（如录音录像制品等）的主体，因此，“使用人”有可能是整个社会公众中的任何一个人，不要求具备任何特点或个性。当然，既然能使用相关数字产品（可能是数字作品或其他客体），

[1] Natali Helberger, P. Bernt Hugenholtz. No place like home for making a copy: private copyright in European copyright law and consumer law [J]. Berkeley Tech. L. J., 2007 (22): 1061－1066.

[2] 17 U. S. C. § 101; 17 U. S. C. § 114 (d) (2) (C) (v); 17 U. S. C. § 119 (d) (8); 17 U. S. C. § 1008.

至少也要先能合法地接触到相关作品，这自然是应有之义了。

不过，当“使用人”之前加上“合理”二字，其含义却是大相径庭了。因为在著作权法上，合理使用制度是一项十分重要的制度，其目的在于对著作权或其他权利进行适当的限制，所以，法律上都规定了严格的适用条件（构成要件）。只有具备法定条件的场合，对作品或其他客体的使用才能被认定为合理使用，该使用人才能被称为合理使用人。

由于合理使用制度的目的是限制技术措施实施者的权利，合理使用制度与技术措施保护制度之间自然形成了异常紧张的对立、冲突关系，矛盾不易调和。在法律并未阐明两者之间的关系的法域（包括我国），更是加剧了这一冲突。合理使用人或者对作品等客体有合理使用需求的人，是否有权为合理使用目的而直接规避技术措施呢，或者能否为此目的而委托他人提供规避设备或规避服务呢？学界对该问题颇有争议。

妥善处理好合理使用制度与技术措施反规避保护制度之间的关系，在著作权法中有着举足轻重的地位，因为其关涉的层面很广泛，对社会公众（包括消费者）的影响也是深远的，毕竟所有的人类创作活动都是建立在对他人作品的接触、使用、借鉴的基础之上。

五、社会公众

社会公众是一个范围最广泛的术语，在本书中一般是指因技术措施的广泛应用使自身权益受到侵害或限制的社会中不特定的人或组织。具体来说，主要是指对接触和使用作品（或其他信息资源）有需求的信息获取者或信息使用者，包括但不限于：需要获取和使用信息的个人、信息市场的消费者、图书馆、相关设备和技术产业的从业者和科研人员等。

在社会公众这一巨大的群体中，很大一部分是分散的个体，而大部分普通民众都不具备绕开、破解、规避技术措施的能力，所以他们往往不得不求助于具有专门的破解技术知识或手段的人。不过，由于大多数国家的法律都严令禁止间接规避行为，这条路也不可行，客观上导致了社会公众在获取、利用信息资源的空间和机会方面深深地受到了技术措施实施者的挤压和限制，可以说，他们在信息资源的接触、访问和利用方面处于劣势地位。

从社会公众的立场看，他们会倾向于希望在数字产品（含数字作品）中的技术措施使用能得到严格限制，法律应规定更多的禁止规避的例外情形，或者为技术措施实施者施加相应的义务和责任，使社会公众原本享有的合理使用空间不至于受到技术措施保护的蚕食，社会公众能充分创造、接触、使用与分享各种信息（包括作品），从而激励更多更好的文化艺术创作。

六、受益人

在著作权法和技术措施相关制度中，“受益人”也有特定的含义，不应作一般意义上的理解。

在本书中，“受益人”主要出现在以下两种场合。其一，是以《马拉喀什条约》等为典型代表的国际公约中所规定的，那些能享受技术措施反规避保护之特定例外情形中的特殊待遇（“豁免”待遇）的主体，例如，盲人、视力障碍者或其他印刷品阅读障碍者，特指这一类特殊的弱势群体；其二，是特指在著作权法等法律中明确规定的、在对著作权的限制与例外情形中享有某种权利、利益或行为自由的特殊主体，比如，依法构成合理使用时的合理使用人、构成法定许可[1]时的被许可人。

笔者认为，在版权法的视野中，较早正式使用“受益人”一词的法律文件是《马拉喀什条约》。该条约第 7 条是关于禁止规避技术措施的限制与例外，主要内容为：“缔约各方应在必要时采取适当措施，确保在其为制止规避有效的技术措施规定适当的法律保护和有效的法律救济时，这种法律保护不妨碍受益人享受本条约规定的限制与例外。”

同时，某些国家的国内法中也有“受益人”的身影或者痕迹。以澳大利亚为例，其于 2000 年通过的版权法修正案《数字议程法案》在禁止提

[1] 法定许可制度也是法律对著作权人权利的一种重要限制，其主要内容是指对作品的使用可以不经著作权人许可，但须支付相应报酬。

供规避手段的同时，努力兼顾与合理使用制度之间的平衡。根据该法案的相关规定，在符合法定条件时，允许向特定的“限制与例外”的“受益人”提供规避设备或者规避服务，并不被视为违法。这种受益人在上述法案中被称为“qualified person”。该法案规定的适用条件较为严格：其一，在接受规避设备或服务前，受益人须提供一份经过签名的声明，应包含其姓名和地址，说明其有资格使用规避设备或服务的具体法律依据（如《澳大利亚版权法》中的某一条款），声明该规避设备或服务仅由该受益人用于法律允许的用途，即《澳大利亚版权法》规定的 9 种“限制与例外”；❶其二，只能向《澳大利亚版权法》中规定的上述“限制与例外”的“受益人”（qualified person）提供规避设备或服务。

可见，“受益人”一般是指法律明确规定的、能从对著作权的限制与例外中享受到实惠、好处或特殊待遇的主体。在这些场合中，技术措施的实施者和相关著作权人的权利受到了限制，而受益人则能从中获得实惠或自由。

为确保“受益人”的正当合法权益不受技术措施应用的影响或不当干扰，为保障其“受益”能真正变成现实，有国际公约和部分国家明确规定，受益人可以在必要时规避相关技术措施。

值得注意的是，在某些情况下，某一个主体可能同时兼具两种以上的身份，如作为技术措施实施者的著作权人或其他权利人，又如数字产品（包括数字作品）或服务的买方既是消费者又是作品使用人。因此，以下若干个主体可能存在身份转换或者身兼数职的情形，这一特点为技术措施相关法律制度的设计与完善更增添了复杂性，导致与技术措施制度相关联的至少有《著作权法》《消费者权益保护法》《反不正当竞争法》《反垄断法》《个人信息保护法》（现正处于制定过程中）等多部法律。

❶ Australia Copyright Act（2001），Section 116（A）（3）.

第三节 消费者：版权法中长期被忽视的主体

一、消费者权益在版权法中的缺位

外国学者格林伦尼（Glynn S. Lunney）曾撰文指出，“普通消费者很少在大的（而且往往是私人的）谈判过程中发挥任何直接作用，去制订协商、妥协后的规则”，消费者利益“只是在这些会议上恰好与其中一位参与者的利益相吻合时被间接地代表”。[1] 约瑟夫·刘（Joseph P. Liu）也认为，版权与消费者利益之间的关系在法律学术研究中仍未得到足够充分的探讨，他指出，“版权法目前没有任何有说服力或连贯的消费者理论，对消费者利益作更详细的审视，可能会对现有版权法辩论产生一些有用的启示”。[2]

缺乏消费者参与制定版权立法的历史是可悲的，由于数字技术和互联网开启了许多新的政治、社会、经济、教育和职业机会，故而持续缺乏此类参与尤其令人担忧。因此，为何近些年来学者、消费者权益倡导人士和公民自由主义者普遍批评不断扩张的知识产权法律，包括反规避保护法律制度的制定，这是可以理解的。对他们而言，DRM 系统和相关法律规则只是不断扩张的版权制度又一个令人担忧的特点。

事实上，内容产业的发展、数字内容（或产品）的层出不穷，既与著作权法律制度密切相关，同时也与消费者权益和消费者福利息息相关。消费者的一举一动都将对市场、对生产销售者的行为、决策等产生重大影响。因此，虽然技术措施的反规避保护制度是被规定于著作权法中，但消

---

[1] Glynn S. Lunney. Jr. The death of copyright: digital technology, private copyright, and the digital millennium copyright act [J]. VA. L. Rev. 2001 (87): 813 – 898.

[2] Joseph P. Liu. Copyright law's theory of the consumer [J]. B. C. L. REV., 2003 (44): 397 – 401.

费者对自身合法权益的关注和捍卫、对数字产品（包括数字作品）的各种强烈期待和需求、对与技术措施有关的具体信息的知情权和隐私保护等，无一不是迫切需要法律给予回应并予以解决的重要问题。

因此，在与技术措施制度有关联的若干主体中，除了普遍受到关注较多的著作权人、其他权利人和社会公众，消费者的权益是特别需要引起重视，但又经常被忽视的一个存在。建议我国日后在完善技术措施相关制度时，要充分重视并高度关注消费者的各种强烈呼声，不再让消费者利益继续缺位。

二、版权法对消费者义务的影响——以视频网络平台中的“看广告”为例

近年来，在我国，随着各视频网络平台巨头的持续发展，广大消费者在各主流视频网络平台上欣赏电影、电视剧、直播等视频，已经成为一种主流的消费方式，可以说成了版权产业发展中的一块大“蛋糕”。

在现实生活中，我国的爱奇艺、优酷、芒果 TV 等主流视频网络平台大多在官网上通过用户协议、会员所享有的服务内容及规则说明等电子文件[1]中明确规定了网络用户在使用平台提供的服务时应遵循的义务。这些为网络用户（可以称为消费者或潜在消费者）所创设的义务中，往往有这一项——网络用户不得以技术手段规避自身的相关义务，不得以技术手段干扰平台所提供的服务、不得干扰或阻碍平台的正常运行。在主流视频网络平台普遍采用的类似于“付费去广告”的商业模式之下，一场围绕着看广告与不看广告、屏蔽广告与反屏蔽广告而展开的较量悄然拉开了序幕。

近几年频频引发争议的，是关于购买网站会员、支付会员费即可享受跳过广告或“免看广告”的问题。在我国，曾有浏览器因具有跳过广告的

[1] 部分视频网站称为“用户协议”，也有少数网站将平台自身的权利和网络用户的义务等方面的主要条款集中规定或体现在“会员”协议中，无论具体名称如何，几乎都是以电子合同形式存在的。

功能而被起诉涉嫌构成不正当竞争的案件[1]，有作为一款硬件设备推向市场的产品涉诉的案件，如“极路由”产品[2]，还有软件涉嫌不正当竞争的案件，如 Adsafe 净网大师[3]。在这类案件中，至少有以下三个非常关键的问题：其一，消费者是否有观看广告的义务，换句话说，网络用户是否享有利用相关软件（如插件）、手段或设备自助跳过播放正片之前的贴片广告等广告的权利？其二，向网络用户（或消费者）提供（包括有偿或无偿地提供）跳过、关闭或屏蔽广告的主体，包括浏览器等软件的生产商及销售商、硬件设备的生产商及销售商，是否有可能构成一种对相关视频网络平台的不正当竞争行为？其三，视频网络平台在电影或电视剧正片播放之前通过技术手段所安排的片头贴片广告[4]，以及其采用的须完整、正常播放（观看）广告后才能被允许观看正片（版权内容）的机制或系统，是否属于著作权法意义上应受法律保护的技术措施呢？

众所周知，消费者权利与义务的产生主要来自两个方面：一是合同，经由双方协商确定的条款及内容；二是法律的明确规定。而就视频网络平台而言，用户协议或会员协议等文件便成了最常见的合同或协议形式。

1. 问题一

对于第一个问题，笔者认为，从一般意义上来讲，网络用户（消费者或潜在消费者）应当拥有一定的利用相关手段或工具（包括软件或硬件）对相关广告进行屏蔽或其他处理的权利。在网络时代，对社会群体中的个体而言，联网是一种常态化的生活方式，无论是基于对工作环境的掌控，还是对生活安宁权的维护与实现，所有网民都应当有一定的对网络空间洁

---

[1] 参见北京市海淀区人民法院（2013）海民初字第 13155 号民事判决书；北京市第一中级人民法院（2014）一中民终字第 3283 号民事判决书。

[2] 参见北京市海淀区人民法院（2014）海民（知）初字第 21694 号民事判决书；北京知识产权法院（2014）京知民终字第 79 号民事判决书。

[3] 我国这类案件的案由几乎都是不正当竞争之诉。参见上海市闵行区人民法院（2015）闵民三（知）初字第 271 号、第 637 号、第 1770 号民事判决书；上海知识产权法院（2016）沪 73 民终 33 号、34 号、75 号民事判决书。

[4] 除了正片之前的贴片广告，有的视频网络平台还在片中插播广告，从现实情况来看，有部分片中插播广告是平台在购买电视剧版权内容时版权内容中自带的，平台无法随意处理或者无权进行删除等处理，还有些片中插播广告是平台自身添加的。

净度以及防止不当或非法骚扰的权利，鉴于技术中立以及技术自身的运作特点（“全有或全无”的方式），我们不能因为某种技术工具可能造成负面影响就将其赶尽杀绝、禁止其上市，尤其是某些产品并非专门为侵权或不正当竞争的目的而设计生产的，有的同时具备非法和合法用途，就更要经过反复斟酌。至于通过登录视频网站的官网或者 App 而享受平台提供的视频播放服务的用户（或会员）来说，遵守用户协议等电子合同中的相关条款与义务，属于用户的一项约定义务，倘若利用技术手段实现了跳过广告直接看正片的目的，则构成违约行为。

2. 问题二

关于第二个问题，笔者认为需结合《反不正当竞争法》《消费者权益保护法》等领域相关原理，对个案作具体分析，而不能简单得出是否构成不正当竞争的结论。笔者曾撰写文章发表自己的观点[1]，此处暂不展开，容后再述。

3. 问题三

至于第三个问题，视频播放网站所采用的相关措施是否属于著作权法要保护的技术措施，这是一个重要的基础性问题。如若认定为“控制访问”的技术措施（接触控制措施），那么网络用户的规避行为很可能将被认定为构成侵权——侵犯视频网络平台的著作权，浏览器、极路由、净网大师等软件则有可能被定性为规避服务或手段、规避设备、规避软件等；相反，若答案是否定的，则无论是网络用户还是相关服务或商品的开发者、生产销售者，都不构成侵权行为。当然，此处并不涉及是否涉嫌构成不正当竞争问题的讨论。

有学者撰文指出[2]：视频网站对免费用户采取的先播放视频广告再播放正片的机制，是否属于版权法所界定的“接触控制措施”，这是一个值得研究的问题。从其可以避免用户直接“接触”正片的角度看，它似乎也

---

[1] 董慧娟，周杰. 对浏览器过滤视频广告功能构成不正当竞争的质疑［J］. 电子知识产权，2014（12）：46－53.

[2] 王迁. 论规制视频广告屏蔽行为的正当性——与“接触控制措施”的版权法保护相类比［J］. 华东政法大学学报，2020（3）：65.

可被归入“接触控制措施”，但它毕竟不是国际版权条约和各国立法者在版权法中设计保护技术措施的条款时，预想与针对的那种典型的“接触控制措施”。关键问题在于，这种机制对正片进行“接触控制”的程度是有限的。典型的“接触控制措施”就像一把锁，没有与之匹配的钥匙就无法打开房门锁进入房间。与之形成对比的是，先播放视频广告再播放正片的机制并不完全“阻止”对正片的“接触”，只是以等待视频广告播放完毕为条件，这就类似于门口站了一个守门人，任何人都可进入房间，只是要先听完守门人说一段话。美国 DMCA 规定：“如果一种技术措施在其正常运行过程中，要求经版权人许可应用某种信息、程序或处理过程后，（他人）才能接触作品，则这种技术措施能够‘有效控制对作品的接触’。”

在经过上述分析论证后，该学者似乎得出了以下结论：“在上述机制尚不能被认定为‘接触控制措施’的情况下，版权法无法对其提供保护，但这并不意味着反不正当竞争法不可以介入。”[1]

也就是说，尽管法律为“接触控制措施”提供保护的正当性和理由与防止复制使用的技术措施有所不同，后者显然服务于对著作权或相关权的保护，而前者不然；但是，版权法毕竟为了维护相关权利人的合法利益、为了防止他人从未经许可的对作品的接触中非法获得利益，已经将“接触控制措施”纳入其保护范围。只不过，视频网络平台为实现“看广告 + 免费视频”机制所采用的技术措施，似乎并不完全等同于典型的“接触控制措施”，因此暂且不能确定地得出肯定性答案——该机制属于著作权法保护的控制访问的技术措施。

笔者认为，从我国 2013 年至今发生的一系列案件或事例来看，视频播放网站与网络用户之间的权利义务关系，具有一定的特殊性和复杂性。主要原因在于，相关主体的身份往往具有双重属性，比如网络用户，既是相关作品或录音录像制品（或可称为“视听作品”）的使用人，又是消费者或者潜在消费者，而视频网络平台，既可能是著作权人或者购买了相关版权内容的被许可人（大多拥有信息网络传播权等权利），同时又是相关视

[1] 王迁．论规制视频广告屏蔽行为的正当性——与“接触控制措施”的版权法保护相类比［J］．华东政法大学学报，2020（3）：65．

频服务的提供者，或者说是数字产品或服务的提供者。由此，出于双重身份、双重法律关系中的两方主体，其各自的权利义务关系必然会发生交叉、重叠，甚至冲突、矛盾，而且同时有来自法律规定和约定两方面的权利义务关系，更加剧了其复杂性。

倘若单纯地从视频网络平台与用户之间的法律关系来看，暂且撇开著作权法，用户（属于广泛的消费者）在享受视频网络平台提供的视频播放等服务的过程中，应当遵守双方的用户协议等合同，当然，在平台设定了相关限制条件的情况下，前提是用户必须先通过登录或其他认证方式通过平台的验证或认证，继而经由平台同意，为其提供服务，在此过程中，用户明确看到、阅读并知晓了用户协议等文件中规定的用户不得使用技术手段屏蔽广告的义务等类似内容，并勾选了同意。在此前提下，才能认定双方已达成一致协议，为用户创设了不得跳过广告等义务。

然而，事实上，著作权法的影响是不容忽视的。在此问题上，十分明显的是，著作权法对技术措施的反规避保护，成为影响消费者权利及义务的重要因素。正因为著作权法将控制接触（访问）的技术措施纳入了反规避保护的范围，类似的、本应由当事人自行约定而创设的用户的义务，似乎有了跨越协商约定方式、直接成为消费者（用户）的法定义务之一的危险或趋势，至少，引发了学界、业界的疑虑和争议。

笔者认为，由此可见，著作权法对技术措施——尤其是控制接触的技术措施——的反规避保护，其威力和影响力，可能远远超出我们当初立法时所能预见的范围或程度。因此，在实践中更需要对其后果进行谨慎、全面的评估，将其适用范围予以必要的限定，以抑制其对消费者权益、消费者福利可能造成的负面影响。

第二章　技术措施的经济学分析

第一节　数字经济时代数字福利的增长、分配与分享

中国信息通信研究院的统计数据显示，2019 年我国数字经济增加值规模达到 35. 8 万亿元，占 GDP 比重 36. 2%，占比同比提升 1. 4 个百分点。按照可比口径计算，2019 年我国数字经济名义增长 15. 6%，高于同期 GDP 名义增速约 7. 85 个百分点。数字经济在我国未来经济发展的重要地位可见一斑。

目前，数字化发展进展较大的领域有零售、金融、教育、医疗、企业服务、公共服务等，其他领域如农业等仍有较大的发展潜力。数字经济的发展给社会和人们的生活带来极大便利，无论是海量信息的获取和实时传递，还是通信交流的实时性、服务的快捷性等。随着进一步纵深发展，数字经济影响人们生活的方式、程度等必将更加多元化、复杂化。

在经济学家看来，社会福利的变化水平至少可从两项指标上去衡量：一是社会整体福利水平绝对量（总量）的变化；二是不同群体福利水平相对量的变化。从经济学的视角分析，福利包括两部分之和，即生产者福利和消费者福利之和。生产者福利主要表现为利润水平的提高，消费者福利则以价格水平下降为典型特征。

站在 2019 年数字经济增长乐观态势的背后，我们要理性地思考：在数字经济发展繁荣的今天，是否普罗大众都切实享受到了由数字经济发展所

带来的数字福利的大幅增长？

这就需要从两个方面进行评估和研究。一是要对局部群体福利与社会整体福利进行权衡，并进行协调，避免出现某些群体分享过多或过分福利的不公平状况。二是需要审视目前的各种制度设计，包括法律制度设计，改进的目标是促进社会总体数字福利的增长在不同群体之间实现最好、最优的分配，也就是社会整体福利在各群体之间的分享机制的努力目标。

从技术措施为著作权人、出版商等主体带来的福利来看，在权利人建立各种权利管理系统的过程中，技术措施可谓劳苦功高、功不可没，为权利人实现对作品的保护和管理作出了卓越贡献。技术措施早就身兼数职，集权利管理、权利保护、权利主体身份声明、消费者信息收集与跟踪等功能于一身。因此，从著作权人和出版商群体的角度来看，福利水平是上升的。然而，从广大消费者和作为潜在的合理使用人的社会公众的角度来看，福利水平是上升还是下降，恐怕一时之间难有定论；毕竟技术措施给他们带来的，除了数字化产品的便捷性、娱乐性等享受，还有各种实现秘而不宣的对作品或产品使用的各种限制或不可行，比如非兼容性、非通用性、区域限制、捆绑销售、个人信息泄露风险、系统安全，等等。

在数字经济学领域，对数字福利和数字福利分配的经济学研究现已成为非常重要的一个研究领域。除了关注社会整体数字福利水平的高低，我们还需要认真思考并谨慎对待一个重要问题——数字福利总量在不同群体之间的分配和分享问题。这就关系到数字福利的分配和分享机制，也涉及法律对不同主体、不同群体的权利与义务之分配。

根据福利经济学的研究，在研究不同群体间的福利分配问题时，需要有一个效率标准。最常用的标准是帕累托效率标准（Pareto Efficiency），即在某一群体福利增加的同时，其他群体的福利至少不会减损；这个标准听起来很好，但实践中却不容易使用，其要求比较高。另一个效率标准则是卡尔多－希克斯效率标准（Kaldor-Hicks Efficiency），也就是不同群体之间的福利所得与福利损失可以进行补偿。

由于数字经济中网络外部性的存在，有部分福利经济学的学者认为，“竞争性均衡的商品配置是帕累托有效的，任意帕累托有效配置都可以是竞争性均衡”。应当承认，竞争性均衡的市场能解决大部分问题。但是对于市场失灵的部分，比如外部性、不完全竞争、信息不完全、信息不对称等，则需要新的法律制度设计，才有望能有效解决相关问题。

法律制度能在特定条件下发挥效用，影响市场主体的决策和行为。因此，法律制度的设计，若能切实发挥调动各方积极性，最大限度地促进社会总体数字福利水平的整体提升，并实现各个不同群体之间对数字福利的公平、合理分配与共享，那便是最理想的。

第二节　技术措施广泛应用的法经济学分析

一、作为公共产品的作品之正外部性

在福利经济学中，有一个重要原理——公共产品的存在是导致市场失灵的重要原因之一。所谓的公共产品，又称公共物品，是相对于私人物品而言的，指的是既无排他性又无竞争性的物品。[1]

公共产品有两个本质特征：一是非竞争性，即一个人对公共产品的使用并不会减损或减少其他消费者的使用；二是非排他性，即要使其他人不使用该产品的成本非常高，以至于没有私人厂商愿意提供此种商品。[2] 正是由于这两个特征的存在，“搭便车”问题长期困扰着公共产品的私人供给者，因为一般人都难免会存在一定的利己想法，既希望从别人付出劳动的成果中获得好处，又希望无须支付任何费用，而且私人供给者很难将这些搭便车者排除在公共产品的消费和使用之外，因此，公共产品基本上是由国家（而非市场）提供的。搭便车者可以毫无成本地从他人提供的公共

[1] 曼昆．经济学原理：微观经济学分册［M］．梁小明，梁砾，译，北京：北京大学出版社，2015：234.

[2] 罗伯特·考特，托马斯·尤伦．法和经济学［M］．史晋川，董雪兵，等译，上海：上海人民出版社，2014：34.

产品中获益，这正体现了公共产品的正外部性。[1]

显然，国防、环保、科技、教育和文化等都是典型的公共产品，而传统上构成著作权客体的作品也属于公共产品的范畴。尽管有学者认为，作品是一种不纯粹的、不完全意义上的公共产品，只能算是部分意义上的公共产品，但其溢出效应丝毫没有因此而有所减损。作品一旦从作者的头脑中分离出来，成为一种独立的“表达”并予以公开后，其传播和使用便摆脱了作者的控制，若无法律的干涉，其他人均可自由获取或使用他人作品。包括作品在内的所有公共产品都无法回避一个事实：在没有国家干预的情况下，它们将会出现供应不足的情况。因为生产者会发现，至少在传统商业模式下其努力是不可能得到足够回报的；一旦利益的外部化阻碍了潜在生产者获得合理回报，作品的创作者和出版商就会缺乏对生产活动的事前激励。

二、技术措施的应用对克服作品之正外部性的作用

根据著作权法的标准经济分析，制作作品复制件的成本由两部分组成：作品首次创作的固定成本和后续的可变成本。要使出版复制件成为一项有利润回报的努力，著作权人的收益必须覆盖这两项成本，这就需要收取的费用超过制作复制件的边际成本。[2]

著作权法为矫正作品之正外部性做出了努力，通过赋予作者将作品的部分经济价值内部化的能力，使作者能在一定期限内控制作品之传播、使用及其载体的制作、销售和流通等行为，并从中获得收益。

不过，随着新技术的进一步发展，对于公共产品——作品的市场供应不足以及创作者创作激励不足等问题，对于数字产品（作品）在新技术条件下所产生的外部效应，传统著作权法在矫正时似乎显得力不从心。此

[1] 外部性是指一个人的行为对旁观者福利的影响。若对旁观者的影响是有利的，就是正外部性，也叫外部收益；若这种影响是不利的，就是负外部性，也叫外部成本。本书中的“外部性”、“外部效应”与“溢出效应”三者为同义词。

[2] JOHN A. Rothchild. The social costs of technological protection measures [J]. Florida State University Law Review, 2007, 34 (4): 1185.

时，技术措施应运而生且受到青睐。首先，技术措施在解决前述问题上起到与著作权法相同的作用，而且其最初主要是被用于保护网络中的数字作品，从而更具优势和针对性；[1] 其次，法律通常会为了兼顾其他群体利益而对著作权人权利进行限制，如合理使用、保护期限、权利穷竭等，而技术措施保护没有这个问题；最后，技术措施的技术保护与法律保护相辅相成，这种“法律 + 技术”的双重保护模式对著作权人和出版商特别有吸引力。

很显然，对数字作品的著作权人和出版商而言，与著作权法相比，技术措施是解决数字产品（作品）的公共产品属性以及正外部性内部化等问题的更优选择。

三、技术措施应用对著作权人和增进消费者福利的功效

（一）技术措施应用对著作权人的功效

技术措施（包括 DRM）在数字产品（作品）等著作权法保护客体的管理、交易和维权过程中发挥了巨大功效。

在对数字产品（作品）的销售和经营中，著作权人或出版商主要将 DRM 用于盗版监控和产品定价等。一方面，数字产品的生产经营者可以采用保护技术来提高盗版的成本和难度，以限制未经许可的非法复制品的使用；[2] 另一方面，鉴于作品不同于传统产品的成本结构，其只包含首次生产的固定成本，而可变成本即后续的复制件制作成本几乎可以忽略不计，数字产品经营者往往借助 DRM 这一工具来实现差异化定价。对数字产品实行差异化定价是常用的定价策略之一。

---

[1] 《世界知识产权组织版权条约》和《世界知识产权组织表演及录音制品条约》均有明确对技术措施的保护，美国 DMCA 和我国《信息网络传播权保护条例》中的“技术措施”特指信息网络传播权的技术措施，从这些法律的命名中可以发现技术措施有不少是被部署于网络上的数字产品（包括数字作品）中。

[2] 林旭东，马利军，田歆. 数字盗版控制策略研究综述与展望——法律、技术与企业运营层面的分析视角 [J]. 管理评论，2018（6）：93－103.

借助 DRM 的功能，著作权人和出版商（数字产品生产经营者）不仅能根据不同消费者群体的经济实力对同一数字产品（作品）制定灵活的价格以满足消费者的个性化需求，还能通过划分作品的版本制定不同的价位，消费者可根据自身需要来自由选择数字产品（作品）的版本。例如，微软将其电脑办公应用软件 Office 2019 划分为家庭版和学生版、小型企业版和专业版，[1] 各个版本依其名称提示而面向不同的消费群体，消费者可依据销售页面对每个版本功能等信息的提示和价位，选择符合自己需要的版本，低端版本的消费者也实现了以较低的消费成本从消费活动中获得预期收益的愿望。

（二）技术措施应用对增进消费者福利的积极效用

在某些情形下，由于 DRM 的实施，消费者有效减少了关于数字产品（作品）的交易成本。假设以下场景：一个电影爱好者想在某视频网站上观看一部付费电影，他只需简单输入相关的关键词即可迅速跳转至相关视频网站的交易界面，并可凭借版权人采用的 DRM 系统立即获取该电影作品的权利归属、用户须知等权利管理信息的内容；这与传统的有形作品的载体的销售模式相比，大幅降低了搜寻成本。若其对著作权人拟定的许可合同无异议，且用户须知协议已充分告知相关作品的必要信息，那么交易双方都更容易了解彼此的风险值等信息，双方的商谈成本将相当低廉。另外，倘若消费者对格式合同和用户须知的内容不同意、不满意，或者在免费体验“试看”后不感兴趣，只要有其他网络视频平台或者可替代的相关资源，其大可放弃付费，转向其他视频网站或电影，这就意味着，即使最终交易失败，之前那部电影对他而言，机会成本也是非常低的。

借助技术措施，数字产品（作品）的消费者可以就作品的某一部分与著作权人或出版商进行交易，而不是必须像在传统环境下那样购买一整本书，支付不必要的高成本。消费者还能在自己选定的时间和地点，采取尽可能经济便捷的方式来获取所需信息，从而降低相关成本。

---

[1] https：//www. microsoftstore. com. cn/c/office.

在数字产品（作品）的市场上，DRM 等技术措施的广泛应用所形成的新型商业交易模式在某些方面增进了消费者福利。正如部分学者指出的那样，DRM 著作权许可的应用实践还开辟了网上文化消费的新途径，在为消费者提供正版高清音频、视频的同时，还能借助差别定价系统，针对消费者的偏好量身定制其所需的内容，量身定价，避免了单一定价的无效率，显然减少了其文化消费成本❶。

可见，技术措施的应用虽然减少了消费者从网络信息、作品等公共产品的正外部性获益的机会，但技术层面的便捷高效及其形成的新型作品交易模式却让消费者在经济活动和文化消费中享受到了更大的效用，降低了交易成本，提高了经济效益，所以有一定的积极贡献。

四、技术措施广泛应用产生的负外部性

应当承认，尽管技术措施的应用给消费者带来一定的便利性，但因法律对技术措施实施者行为的规制不足，其产生的负外部效应向社会施加了诸多社会成本（著作权人的私人成本加上外部成本），而数字产品（作品）的消费者，尤其是潜在的消费者群体，对从网络平台获取数字化格式的科学、文化、娱乐等信息产品有强烈需求，且频繁与著作权人打交道，因此他们对这些成本、负担、摩擦与碰撞的感受最为直接和深刻。

（一）公有领域的缩小以及对合理使用的侵蚀

著作权法在赋予著作权人和相关权利人对作品的排他性专有权的同时，为兼顾社会公共利益，也对该权利进行了一系列限制。❷ 其中，公有领域保留和合理使用制度就是著作权保护的两个重要的限制与例外。

技术措施产生的负外部性首先损害的是公有领域，其严重限制了消费

❶ 梅术文. DRM 著作权许可中的消费者利益保护［J］. 南京理工大学学报（社会科学版），2015（1）：45.

❷ 我国现行《著作权法》第 24～25 条等条文中规定了合理使用和法定许可制度。

者尤其是社会公众（潜在消费者）对公有领域进行自由利用的利益。公有领域的范畴很广，主要包括：版权保护期限届满的作品，不具备著作权保护要件的信息材料，如事实、历法、通用表格、公式等，思想与表达两分法中的“思想”，等等。[1]然而，借助技术措施以及法律对禁止规避此类技术手段的保护规则，著作权人完全有能力将这些原属于公有领域的材料抽离出来，将其与受著作权法保护的作品捆绑在一起，并加上技术措施的“锁”，将其“封印”。合理使用也是同样的道理，技术是客观的，不会进行价值判断，技术是以“全有”或“全无”的方式来运作的，而合理使用的核心是考察使用人的主观意图和目的，两者间的冲突无法调和，结果自然只能是互相伤害。

（二）兼容性、捆绑销售和区域控制等问题

消费者的自由选择权理应延伸至数字产品市场，但技术措施的不当运用常常导致消费者的选择自由受到极大损害，兼容性问题就是一个突出表现，此外还有捆绑销售、区域控制、限制竞争等。在此仅以兼容性问题为例。

倘若数字产品具有高度的兼容性和互通性，受益最大的自然是消费者，然而，数字产品（作品）生产经营者时常利用其市场优势地位，在兼容性上做文章，以获取高额、超额的垄断利益。非兼容性产品不仅能使竞争对手生产的同类产品不具有可替代性，一定程度上降低其产品的需求弹性，还能在压缩消费者自由选择空间的同时，在定价以及附加不合理条件等方面进一步掌握主动权和话语权。这样一来，消费者的地位岌岌可危。可见，抑制数字产品（作品）的通用性和兼容性，不仅能拖住竞争对手前进的脚步，更是对消费者福利的巨大减损。

现实中存在大量的通过抑制兼容性损害消费者选择权和知情权的事例，不仅阻碍正当竞争，还严重损害消费者权益，引起消费者的不满与抵

[1] 我国现行《著作权法》第5条规定：“本法不适用于：（一）法律、法规，国家机关的决议、决定、命令和其他具有立法、行政、司法性质的文件，及其官方正式译文；（二）单纯事实消息；（三）历法、通用数表、通用表格和公式。”

制。如前述苹果公司的“iPod 播放设备 + iTune 录音制品”的模式，来自法国、挪威以及瑞典等多国的消费者权益保护组织强烈要求苹果公司移除 iTune 平台上所设置的技术措施。

（三）数字作品二手市场消亡等其他不良影响

技术措施的实施，还导致了数字作品二手市场的消亡。技术措施的诸多不当使用，还粗暴地限制或排除了许多著作权法允许的对作品合法方式的利用，如合理使用、版权到期后的使用、在二手市场上销售复制件、向朋友出借副本、图书馆借阅、非商业性复制音乐、非公共性的表演和展示、使用未经批准的计算机或其他设备访问、读取作品或其他数字内容等。

技术措施应用对消费者权益的损害，远远不止上文列举的层面。技术措施实施者故意隐瞒、拒不披露技术措施对作品（产品）使用方面的限制等重要信息，不提示非兼容性、区域控制等关键信息，不履行保障消费者知情权的义务，技术措施在使用过程中不当收集、利用甚至泄露消费者个人信息（含隐私），监控、跟踪消费者的浏览、使用、消费等信息，甚至导致安全风险，种种不良行径和消极影响，可谓不胜枚举。

（四）对数字产品定价方面的影响

从数字产品的价格制定层面来看，技术措施的采用会对数字产品（含数字作品）的定价问题产生影响。当出版商们选择共同保护的标准和模式，并基于各自所占的需求份额来分担平台运营的固定成本时，就很容易实现串谋定价，这对原本就在数字产品（作品）市场处于弱势地位的消费者来说，对他们接触、享受或传播艺术文化作品无疑造成了进一步的经济障碍。[1]

---

[1] PARK Y, Scotchmer S. Digital rights management and the pricing of digital products [EB/OL]. http://www.netinst.org/Park_Scotchmer.pdf, 2004.

第三节　市场失灵时的矫正与应对

一、与技术措施有关的市场失灵

在数字经济高度发达的今天，技术措施的广泛应用是一把“双刃剑”，具有两面性：一方面，它能帮助著作权人在技术层面获得其作品产生的外部收益，形成的新型交易模式也为消费者提供了更多便利；另一方面，其产生的负外部性也对消费者权益造成了严重损害或威胁。我们既要承认其功效，也要认识到其外部成本对消费者权益的负面影响，进而探讨出相应的解决方案或对策。

面对技术措施应用产生的负外部性，不能指望市场自治能自动解决这一问题。因为外部性会导致市场失灵，而要想恢复市场对资源的有效配置，就只能借助市场自治以外的其他手段来对症下药了。

市场失灵表现为市场的无效率，具体到技术措施的问题上来，则是技术措施的产量过高——技术措施的市场均衡数量，即所谓的产量（或使用量）大于社会最优量。之所以会出现这种产量大于社会最优量的现象，是因为著作权人在部署技术措施时考虑的仅是私人边际成本而非社会边际成本，[1] 也就是说，权利人并未将外部成本纳入其是否部署或采用技术措施的决策中去，于是导致了缺乏成本约束情况下的产量过大问题。

具体说来，假设在一个完全竞争的市场上，在不考虑外部成本的情况下，微观经济学的理论表明，厂商利润最大化的生产是当其边际收益等于边际成本时。因此，在确定技术措施的使用量时，著作权人会将生产水平调整到供给曲线和需求曲线相交的均衡点所对应的横轴数值，从而达到市场均衡。同样的道理，假设我们能让著作权人充分考虑“社会边际成本”，

---

[1] 著作权人在其作品或相关权利客体上安装每单位的技术措施的边际成本为私人边际成本，而社会边际成本为私人边际成本与外部成本之和，因而社会边际成本总是大于私人边际成本的。

那么为了达到市场均衡、实现社会资源的有效利用，著作权人就会将技术措施的使用量定在社会最优量对应的数值。然而实际情况却是，由于外部成本不会以著作权人作为决策因素，因此追求利润最大化的著作权人所设定的产量必然将高于社会最优水平，最终导致不符合市场效率和社会资源浪费的结果，引起“市场失灵”。

二、矫正技术措施负外部性的经济手段

数字产品（作品）在市场中表现出的特征显示，著作权人在设置技术措施时非常在意消费者的反应，因此，利用市场机制来遏制技术措施溢出的不良影响，似乎是一个好的策略。

为了评估是否可以依靠市场力量来约束著作权人的技术措施应用行为、限制其对信息产品使用所产生的不良影响，美国经济学家约翰·罗斯查尔斯（John A. Rothchild）在新古典主义经济框架内为技术措施市场上著作权人的行为建立了模型，并将该模型应用于竞争、垄断、垄断竞争和寡头垄断这四个不同结构的市场中。其经过分析研究发现，追求利润最大化的著作权人在决定是否实施技术措施时，必须服从市场的供求规律，而且在其他条件相同的情况下，竞争越激烈，著作权人就越不可能发现实施技术措施时利润是最大化的；即使该活动（实施技术措施）有利可图，也取决于未经授权使用的发生率及其客户对特定类型技术措施的敏感性等因素。[1]

经济学家们认为，为了达到有效抑制技术措施应用产生的负外部性的理想效果，可以考虑通过法律制度与经济手段双管齐下，共同发挥作用。在面对市场失灵时，我们需要政府这双“有形的手”进行干预和监管，一方面，变革相关法律制度；另一方面，政府还可以考虑用经济手段来控制著作权人在实施技术措施过程中产生的外部成本。需要强调的是，我们的目标并非完全取缔技术措施的设计开发和应用，而是要将其使用量和使用率控制在适当水平，毕竟技术措施的应用并非有害无利。

---

[1] JOHN A. Rothchild. Economic analysis of technological protection measures ［J］. Oregon Law Review, 2005, 84 (2): 489 -562.

从经济学角度讲，矫正外部性的关键是促使生产商考虑到外部效应，引导其将产量控制在“社会最优水平”，而非“私人最优水平”，即所谓的“外部性内在化”。著名经济学家曼昆（Mankiw）曾在研究中概括了矫正负外部性的办法，主要分为两大类：一类是针对外部性的公共政策，另一类是外部性的私人解决方法。其中，公共政策有管制、矫正税以及可交易的许可证制度，私人解决方法主要是利益各方签订合约之方式。❶ 其中，除了管制，其他手段几乎都是从利用市场机制的角度来矫正的。这几种矫正策略各有利弊，需要结合技术措施和数字产品（作品）的特征来分析、权衡，以便找到最优或次优方案。

1. 管制行为

首先，我们可以排除管制行为的可行性，它通常表现为政府以指令、控制的方式来决定每个著作权人实施技术措施的数量和情况，使它们产生的外部性危害最小化，然而，定量往往需要政府掌握技术措施造成的外部化危害的严重程度以及著作权人采取替代方案的成本，而政府显然是难以全面准确掌握这些数据的，或者获得相关信息的成本极其高昂。

2. 私人解决方法

著作权人与消费者等主体之间通过谈判达成协议是一种私人协商解决途径，在上述各种矫正策略中是市场化程度最高的。因为不需要政府或法律制度的直接介入，至多是让它们扮演润滑剂的角色。这种私人解决方案的精髓源于众所周知的“科斯定理”。该定理指出，若市场交易是没有成本的，则各方当事人之间的谈判总能解决外部性问题并实现资源的最佳配置结果。❷ 不过，有学者指出，科斯定理的运用依赖于三个条件：一是谈判双方之间没有交易成本；二是没有缺乏法院支持的、被排除在外的“第三人”；三是没有市场支配地位。❸

---

❶ 曼昆. 经济学原理：微观经济学分册［M］. 梁小明，梁砾，译，北京：北京大学出版社，2015：218－228.

❷ COASE R. H. The problem of social cost. Gopalakrishnan C. （eds）. Classic Papers in Natural Resource Economics［C］. London：Palgrave Macmillan，1960.

❸ 迈克尔・A. 艾因霍恩. 媒体、技术和版权：经济与法律的融合［M］. 赵启杉，译，北京：北京大学出版社，2012：4－5.

可见，科斯定理的适用条件是极其理想化和严苛的，而这些条件在技术措施的负外部效应扩散从而冲击消费者权益的过程中是难以实现的。其一，受技术措施外部性影响的消费者人数众多且分散于各地，在涉及利益人群广泛的情况下难以实现低成本的谈判；其二，借助 DRM 著作权许可中的“合同加技术”模式，著作权人极易形成自己的市场力量，从而滥用市场支配地位。因此，我们不能寄希望于科斯定理来引导私人自行解决技术措施带来的外部成本。

3. 许可证制度

笔者认为，许可证制度不宜用于将著作权人的技术措施使用量控制在有效率的水平这一问题上。因为，许可证制度最初是为治理环境问题而设计出来的，实施该制度的前提是要有一个计量单位来确定总量，而技术措施对消费者权益的损害往往难以量化：一是因为数字产品（作品）内容和技术措施都属于无形物，难以提炼出一个具体的计量单位；二是因为损害后果会因技术措施的不同类型和其保护客体的差异而存在差异，无法用一个统一标准来衡量。为技术措施的应用确定一个适当的指标是很困难的，在缺乏度量标准的情况下，可交易的许可证制度不具备可操作性。

4. 矫正税[1]制度

许可证和矫正税制度的共同点在于，都是政府以市场为导向而采用的政策工具，都考虑到了市场机制的优势特别是市场主体对自身信息的掌握，但同时又需要政府以适当方式进行干预。但与许可证制度相比，矫正税制度可能是更理想的方案。

矫正税不失为一个可行方案。矫正税是通过市场激励的方式引导私人决策者考虑负外部性引起的社会成本，令私人决策者考虑到外部性的存在，从而使资源配置向社会最优水平的方向移动和靠近。[2] 具体运作过程为：著作权人实施技术措施有一个固定成本，但其实施技术措施的私人边

[1] 这种税收最早由经济学家阿瑟·庇古（Arthur Pigou）提出，因而矫正税也被称为“庇古税”。

[2] 曼昆. 经济学原理：微观经济学分册［M］. 梁小明，梁砾，译，北京：北京大学出版社，2015：220.

际收益呈现出逐渐下降的趋势，对著作权人而言，应用技术措施的最优水平为私人最优，因其无须考虑外部成本，所以，私人最优的数值将会高于社会最优的数值；而要使得技术措施的实施量从私人最优减少到社会最优，就需要对著作权人征收一定的矫正税，如此方能实现资源的有效配置。

矫正税制度的独特优势在于以下几个方面。

（1）矫正税是通过税收调整的措施，利用了生产者能更方便地获取自身成本信息的特点，因为不同著作权人减少技术措施使用所承担的成本是不同的，若将矫正税设定在适当的水平，其结果便是以更低的社会总成本实现同样的技术措施的总体减少。❶

（2）矫正税与大多数其他税不同。大多数税扭曲了激励并使资源配置背离社会最优水平，造成经济福利的减少大于政府收入的增加，从而引起无谓的损失；而矫正税与此相反，改变了激励，使其考虑到外部性的存在，从而使资源配置向社会最优水平移动。❷

（3）政府可将征得的税收用于建设更多的图书馆、公共影院等公共文化设施，向公众提供更多接触文学艺术作品的机会，保障其充分行使文化权利，促进社会科学文化的发展、创新，这也能在一定程度上消解大量使用技术措施带来的负外部性。

总之，从经济手段的角度来讲，政府对使用了技术措施的著作权人征收适当的矫正税，是一种可行的监管措施。与其他几种方案相比，矫正税能以较低的成本实现资源的有效配置，是较理想的方案。当然，在执行过程中，税率的制定十分关键，在理想状态下它应当等于技术措施所造成的外部成本，但是企图用货币来量化外部成本是比较困难的，还需要借助实证测定和计量经济学等工具来确定。因此，矫正税制度也存在着局限性和操作上的困难，毕竟很难找到极致完美的方案。

---

❶ John A. Rothchild, The social costs of technological protection measures [J]. Florida State University Law Review, 2007, 34 (4): 1211.

❷ 曼昆. 经济学原理：微观经济学分册 [M]. 梁小明，梁砾，译，北京：北京大学出版社，2015：220.

第三章　技术措施对消费者福利及社会公众利益的消极影响

前文对技术措施的基础理论作了介绍，包括技术措施反规避法律保护制度涉及的各方法律主体，并对技术措施应用的正外部性、负外部性效应及其矫正手段等均作了分析。应当承认，技术措施的应用若是适量、适度、适当，确实能有效促进社会福利总体水平的提升；不过现实情况却是，权利人对技术措施过分依赖、寻求对技术措施更强保护的倾向日益明显，技术措施的广泛存在、过多使用甚至被滥用已是既成事实。

从国际社会来看，在正式确立对技术措施反规避法律保护的大部分国家或地区，初期的普遍情况是对技术措施的规制或限制不足，著作权人及相关权利人的权益有被过度保护的趋势，而消费者福利和广大社会公众的权益却被忽视。随后，有部分国家或地区纷纷启动了对技术措施消极效果的调研、评估与反思，以及补救或矫正等工作。可以说，对技术措施的反规避法律保护加剧了著作权人权益与消费者利益间的紧张关系。于是我们看到，20 世纪后期兴起的以美国 1984 年 Sony Betamax 案[1]为代表的消费者运动，正在深深影响着现今著作权法利益平衡机制的发展方向。

从各国实践看，技术措施的普遍采用确实存在侵犯消费者和社会公众权益的极大隐患，知情权受损、个人信息收集、隐私泄露、网络安全风险、合理使用及言论自由受损，牵涉面广。这一方面是由于技术天生有极强的控制性，以“全有”或“全无”的方式运作，技术措施的实施本身即

[1] Sony Corp. of Am. v. Universal City Studios, Inc., 464 U. S. 417 (1984). 在该案中美国最高法院从保护消费者合理使用作品的角度出发，认定 VCR 复制电视节目技术具有“实质性非侵权用途”(substantial non-infringing use)，因此 VCR 的制造商无须承担间接侵权责任。

对消费者福利、竞争秩序、信息获取与传播、教育等有潜在的消极影响；另一方面是由于法律确立了对技术措施的反规避保护规则，加剧了技术控制者的优势地位，使位于两个极端的技术优势群体与技术劣势群体之间的信息高度不对称、技术力量对比悬殊，技术措施的负外部性效应更加凸显，双方权利义务关系呈现为不对等、不公平的“病态”。

我国亦是如此。法律对技术措施的保护水平较高，对技术措施实施者的义务、责任或限制规定得太少，致使我国数字产品领域的消费者权益容易陷入为技术措施侵害的威胁中，这一状况亟须矫正。

第一节　技术措施对消费者权益的侵害

一、格式条款的不公平性和非法性

在数字产品（作品）的著作权人、数字产品（作品）的生产销售商与消费者（或使用人）之间的合同法律关系中，消费者十分渴求能获得使用数字产品、访问数字作品及信息的公平条件。然而，在现实生活中，格式条款和格式合同的存在是极其普遍的。对于格式条款的采用、效力以及解释问题，我国《民法典》明确作了规定。

我国《民法典》第 496 条规定：“格式条款是当事人为了重复使用而预先拟定，并在订立合同时未与对方协商的条款。采用格式条款订立合同的，提供格式条款的一方应当遵循公平原则确定当事人之间的权利和义务，并采取合理的方式提示对方注意免除或者减轻其责任等与对方有重大利害关系的条款，按照对方的要求，对该条款予以说明。提供格式条款的一方未履行提示或者说明义务，致使对方没有注意或者理解与其有重大利害关系的条款的，对方可以主张该条款不成为合同的内容。”

《民法典》第 497 条规定：“有下列情形之一的，该格式条款无效：（一）具有本法第一编第六章第三节和本法第五百零六条规定的无效情形；

（二）提供格式条款一方不合理地免除或者减轻其责任、加重对方责任、限制对方主要权利；（三）提供格式条款一方排除对方主要权利。”

《民法典》第498条还对格式条款的解释作了规定：“对格式条款的理解发生争议的，应当按照通常理解予以解释。对格式条款有两种以上解释的，应当作出不利于提供格式条款一方的解释。格式条款和非格式条款不一致的，应当采用非格式条款。”

技术措施的实施或采用，绝大多数是在未经与消费者或使用人协商，也未履行通知义务的情况下，即被部署、设置在产品或作品中，构成预先设定的一种格式条款。对这些条款，消费者事先完全不了解或者不完全了解，消费者一旦要使用就必须接受，否则就只能放弃这些产品或作品。如普遍使用的技术措施DRM著作许可系统，就时常因为著作权人凭借市场优势地位制定格式条款、对消费者施加诸多不合理限制而广受诟病，特别是当其以点击合同形式出现时，从权利人的角度设定合同条款，消费者要么接受，要么选择离开，并非意思表示一致或自由协商的结果。[1]

现实中，著作权人和出版商往往占据技术优势地位并以此形成市场支配地位，其通常利用这些优势地位，在格式条款中对消费者或使用人施加较多限制，表现出强势态度，损害消费者的利益。

二、侵害消费者的知情权和选择权

无论在哪个国家或地区，知情权都是消费者的一项最重要、最基本的权利，其从根本上涉及消费者的安全权、选择自由权等的最终实现。在购买商品或接受服务的过程中，只要是与产品或服务相关的信息，只要是关系到消费者选择与决策的信息，包括售后服务等权利与义务的内容，消费者都有权知悉，也有权要求生产经营者提供，经营者应当提供而且应主动提供。

然而，实际情况却是，大部分安装了技术措施的产品并未在产品中予

[1] 梅术文．DRM著作权许可中的消费者利益保护［J］．南京理工大学学报（社会科学版），2015（1）：45.

以明确、充分说明，也未将相关信息提前向消费者或潜在的使用人披露，这当然会影响消费者的选择权，有侵犯消费者知情权的嫌疑。一个典型例子是，在线网络文学阅读平台所设置的控制访问的技术措施十分普遍，其往往要求消费者在未能提前阅览其有意购买的作品之必要信息的情况下，即作出是否选择或购买相关数字产品的决定。数字信息和娱乐内容的消费者，对于可能限制其使用这类内容的技术措施，需要得到预先告知，才能在作出是否购买的决定时将该因素考虑在内。

笔者认为，至少有 5 种可能对消费者产生限制并有重要影响的技术措施，它们包括：（1）对于为便于日后观看或收听而录制音频或视频节目的行为进行限制的；（2）对于合理的、非商业性的使用合法获得的音频或视频内容所施加的、限制消费者选择不同的物理位置，或限制消费者选择不同电子平台或设备，包括选择在使用前将该内容翻译成相同格式的平台或设备；（3）限制对合法取得的内容进行备份；（4）限制出于批评、评论、新闻报道、教学、学术或研究的目的对合法获得的内容进行有限的引用；（5）限制向其他消费者进行二手转让或者出售合法获得的内容，即使出让人不再保留修改的内容或其任何复制件，且受让人获得的使用、欣赏的权利与出让人在转让时拥有的权利相同。

事实上，对于采用技术措施对消费者购买的数字内容进行限制的问题，关键在于提前告知和充分披露义务的履行与落实。多份外国报告揭示了关于技术措施电子信息的透明度问题和经营者披露、告知义务的重要性。有的报告针对消费者对技术措施的接受度进行了调研，并强调产品上应有突出的标签，而且应当事先披露给消费者；有的报告主张进行相关警示标志的立法，须使用明显的警示标志，让消费者明白其购买的产品或服务，了解哪些是可以做的，哪些是不可以做的。

例如，凡是受技术措施保护的音乐作品（如 CD），设置了技术措施的 DVD 播放器、游戏机、游戏光盘，关于数字内容的因技术措施导致的使用限制等，都涉及警示和标识等。唱片业若要采用复制保护系统的技术措施来保护唱片，就有责任为消费提供足够的警示标志来标明其将在何种程度上限制消费者的使用。关于电子媒介产品，由于技术措施可能会影响到消费者、教育机构和图书馆基于法律或习惯对电子媒介产品的使用，以及消费者对此类电子媒介产品技术的使用意识，因此，销售时须有明确、醒目的提示以表明其采用的技术措施限制。

正如部分学者所指出的那样，“技术措施的使用会限制消费者以多种方式利用作品的机会”，“当消费者购买数字作品后，他们希望能在自己方便的时间和地点观看作品，而对作品进行空间上的转换。权利人在数字作品上安装的技术措施会极大地限制消费者以多种方式利用作品的机会。技术措施已将传统著作权法对于公开表演和展示作品的控制延伸到对私人播放和使用作品的控制。例如，因为安装了技术措施，从 iTMS 上下载的歌曲只能在 iPod 上播放，而不能在其他移动音乐设备上播放。同样，因为 DVD 上安装了地区编码的技术措施，美国制造的 DVD 播放器只能播放美国地区编码的 DVD，而无法播放欧洲地区编码的 DVD”。[1]

鉴于消费者知情权的岌岌可危，技术措施的透明度问题已经引起世界上大多数国家和地区的高度重视。美国、欧盟等国家或地区自 21 世纪初即努力通过强化经营者的信息披露义务来保护消费者的知情权，要求给消费者足够的警示来表明其使用的电子媒介产品上的限制以及该限制的具体内容。部分国家在立法中明确要求，产品（如 CD）的包装上须披露包括“播放和录制所需的最低限度的软件”、下载文件至个人电脑硬盘的次数限制以及相关条款等内容。笔者认为，相关立法措施是可取的。

三、非兼容性、区域控制和捆绑销售的伤害

非兼容性、区域控制和捆绑销售等现象，对消费者的选择权及其他权益造成了严重影响。“消费者的选择权是指消费者根据自己的主观意愿，在法律规定的范围内所享有的自由选择商品或者服务从而实现其消费利益的一种权利。”[2] 具体包括：消费者有权自主选择提供商品或者服务的经营

[1] 华劼. 数字出版视域下的反规避技术措施规则延伸性研究［J］. 科技与出版，2017（11）：89.

[2] 李昌麒，许明月. 消费者保护法［M］. 北京：法律出版社，2006：69.

者；自主选择商品品种或者服务方式；自主决定购买或者不购买任何一种商品，接受或者不接受任何一项服务；消费者有权进行比较、鉴别和挑选。[1]

在版权领域，数字产品（作品）的著作权人或出版商可以轻松利用技术措施使其控制的作品（内容）仅能按其预设的形式在特定终端上呈现，从而变相地控制了其上下游产业的经营自主权，同时，由于其为实现不兼容特征而设定的技术措施，使消费者在选择对应的播放设备时面临困难。

应当承认，消费者对产品（包括数字产品）的使用方式是有合理期待的。消费者希望灵活使用电子媒介、数字内容等产品与技术措施导致的限制或控制之间的矛盾，引起了消费者巨大的心理落差。从使用方式和目的上讲，对数字内容的合理的、私人的、非商业用途的复制，也应当在可被容忍的范围内，大部分都属于著作权法规定的合理使用的范畴。

当技术措施所导致的限制造成消费者的种种障碍或不便时，尤其是当著作权人或出版商不能提前、充分公开此种限制时，更加剧了上述矛盾，因为市场是在一个信息不完善、不对称的框架下运作的。

对于数字内容和数字产品，一个最普遍的担忧和潜在伤害是，可能会造成设备或服务的兼容性的降低。网络经济学认为，数字经济的社会福利的增长使消费者普遍受益，消费者能从互联网经济中获得的许多便利和好处大多是不同设备、平台和应用中的兼容性。这些“网络效应”为每个使用者增加了整个互联网的价值，然而，为了维持和开发这个价值，互联网上的设备和系统需要让高质量的信息转换和高速率的信息转换以低成本的交易方式进行。而技术措施的核心目标之一，就是通过建立数据之间的交换障碍来阻止信息交易。因此，技术措施与交互操作网络之间的对立将长期存在。

由于具体、清晰阐明技术措施限制的标识或警示内容的缺乏，消费者很难真正清楚地理解自己购买的数字产品或数字内容在兼容性方面的各种限制——不兼容性。技术上的限制常让用户感到惊讶和失望，特别是当消

[1] 肖顺武．政府干预的权力边界研究——以消费者选择权为分析视角［J］．现代法学，2013（1）：101．

费者希望不受任何限制的场合。

1. 非兼容性

著作权人利用技术措施限制消费者对电子终端设备的选择，一个典型的例子是苹果公司的音乐运营模式。苹果公司创立的音乐商店（iTunes Music Store）和生产的ipod音乐设备都采用了专门的技术措施，使从苹果音乐商店购买的音乐只能在ipod上播放，而不能在其他电子音乐设备上播放。苹果公司出品的ipod也只能播放来自苹果音乐商店的音乐作品或者不具有技术措施编码格式的文件，如MP3。因此，对其他音乐设备供应商以及其他技术措施编码的音乐文件来说，是不兼容的。

在我国，点读笔也是一个典型例子。除了"小达人"等少数几款点读笔，市面上销售的绝大部分点读笔都是与被点读的书或其他材料配套使用的，并不具备兼容性或通用性。

在美国的Lexmark案[1]中，Lexmark公司生产的打印机中安装了一种名为"打印机启动程序"的技术措施，该程序与该公司制造的墨粉盒上的计算机芯片进行交互，因此，该公司生产的打印机仅仅在收到其生产的墨粉盒芯片所传输的对应认证序列号之后方能启动。于是，消费者必须购买该公司生产的墨粉盒，无法使用其他厂商的墨粉盒，而该公司生产的墨粉盒的售价要比市面上其他同类产品的高。

美国的Chamberlain案[2]也是一个类似案例。该公司生产的电子车库门锁的开启系统中包含了一套名为"滚动代码"（rolling code）的计算机程序。只有接收到配套遥控器发送的信号后，该系统才会启动车库门的开启或关闭马达，而当消费者遗失或损坏配套的遥控器时，他们将无法购买价格低廉的通用遥控器，而只能购买价格较高的原装产品。

非兼容性和消费者选择权问题引起了美国的高度关注。例如，2013年《美国消费者在线视频选择权法案》中规定：建立有效的保障措施，防止电视机或其他客户端设备与任何在线视频提供的服务不相容，防止经销商

---

[1] 387 F. 3d 522, 546 - 47 (2004).

[2] 381 F. 3d 1178 (Fed. Cir. 2004).

过度或不适当地使用其客户端设备以歧视或以其他方式支持自己的服务。[1]

2. 区域控制与捆绑销售

为了使自己的数字产品不具备兼容性，区域控制是经营者惯用的手法之一。

以 DVD 光盘为例。在 DVD 复制监管协会（一个产业联盟）的技术系统下，DVD 常被使用数字标识符进行编码，这些数字标识符均对应 DVD 被授权发行的特定地理区域。若某人在德国度假期间购买了带有欧洲区域代码的 DVD，则他无法在大多数美国制造的 DVD 播放设备上播放该 DVD，由于技术措施的采用，它们被编码为仅播放有欧洲地区代码的 DVD。当然，大多数 DVD 机生产商和销售商都并未在销售时或产品说明书中向消费者披露此种区域代码上的限制。旅行期间的消费者，当发现合法购买的媒体设备完全不能在旅途中使用，必会感到惊讶或失望，感觉遭受了不公平的消费对待。

惠普公司也对其生产的打印机和墨盒进行了区域编码，若消费者购买了打印机，还须购买在相同区域编码内的墨盒。否则，若错误的墨盒插入打印机，打印机与墨盒又并非出自同一区域，设备将不能打印文件，即使该错误编码的墨盒与正确编码的墨盒在功能上完全一样。

美国的 Sony Computer v. Gamemasters 案[2]也体现了利用技术措施进行区域控制。索尼公司在其 PlayStation 平台上使用了 CD – ROM 的技术措施，该程序中包含区域编码，使游戏玩家必须在同一地区购买视频游戏和游戏机，才能顺利使用。例如，美国的游戏玩家在游戏机上不得操作他从美国以外的国家合法购买的同一款正版视频游戏。

事实上，排除数字产品（作品）的兼容性往往伴随着区域控制或捆绑销售问题，出版商会借此实现自己的垄断性利益。捆绑销售的典型案例，如我国的北京精雕公司案。在北京精雕公司生产的雕刻机中，JDPaint 软件

[1] 参见 Consumer Choice in Online Video Act 2013，Art. 663. 该法案旨在加强在线视频中消费者的选择权，通过增加视频节目市场的竞争、创新和多样性来促进公共利益和便利性，增强消费者对在线视频的访问分销平台和消费者选择在线视频节目，并增加所有平台（包括基于网络的平台）的视频节目的可用性。

[2] 87 F. Supp. 2d 976，981（N. D. Cal. 1999）.

输出的 Eng 格式的数据文件在其他品牌的雕刻机中无法读取，其意图在使该软件与其生产的雕刻机捆绑销售、配套使用。[1]反竞争“封锁”的典型例子还有磁带库存储系统、汽车维修诊断软件、在线游戏服务器和数码相机的电影文件等。

无论是非兼容性、区域控制，还是捆绑销售，都会使消费者受到极大限制，使其更换产品的花费更高，可以说固化了消费市场，削弱了消费者的购买力，尤其是当消费者购买产品或服务时可能并未注意到反竞争系统的存在。而对竞争者来说，上述做法还有反竞争的效果，是对正常竞争的损害或扭曲。当商家通过技术措施强行搭售自己的其他产品时，会损害竞争，导致更大的市场垄断，使其他竞争者的正当权益遭到侵害，因为其限制了无关联实体对产品内容的二次销售和传播。

技术措施滥用行为也时常侵害消费者的选择权，如我国的奇虎 360 诉腾讯公司滥用市场支配地位纠纷案。被告腾讯公司将自家的 QQ 软件管家与即时通信软件相捆绑，以升级 QQ 软件管家的名义安装 QQ 医生，被判定构成了捆绑销售和限制交易。

四、加剧个人信息被暴露的风险

当今市场对消费者个人信息的处理趋向于分散化和普遍化，一方面促使企业为商业目的加强对消费者个人信息的收集能力，但另一方面却迫使消费者通过各种方式、平台参与个人信息分享的大环境中。

隐私权是指自然人享有的私人生活安宁与私人信息不被他人非法知悉和收集，并依法受到保护的权利；其包括私生活秘密权、空间隐私权和私生活安宁权，其中，空间隐私权既包括物理空间也包括虚拟空间[2]。可见，网络环境、虚拟空间中消费者的相关信息也属于消费者隐私权的保护范围。一般认为，个人信息的范围要大于隐私。

---

[1] 参见上海市第一中级人民法院民事判决书（2006）沪一中民五（知）初第 134 号和上海市高级人民法院民事判决书（2006）沪高民三（知）终字第 110 号。

[2] 王利明．隐私权内容探讨［J］．浙江社会科学，2007（3）：57．

在网络环境下，监控技术无处不在，很多软件在提供服务的同时要求消费者允许开启定位、调用摄像头等权限，除了收集软件使用者（用户）的数据，也会收集非用户的资料。例如，脸书（Facebook）总裁扎克伯格就公开承认 Facebook 平台会以安全理由收集未注册的非用户的相关信息。❶

DRM 技术是技术措施的常见形态之一，其往往具有收集消费者个人特有信息、使用跟踪监测和直接进入消费者电脑系统进行私力救济等功能。技术措施实施者会利用收集到的消费者的消费习惯、消费偏好等信息进行大数据预测，实现更多的商业价值。例如，部分版权人通过技术措施实时监控消费者的作品利用行为，监测消费者在其私人空间对数字内容的浏览与消费情况。一旦隐匿的协议被消费者接受，或者不合理条款的确认选项被点击，安装了客户端，软件会自动读取用户存储在设备上的信息，包括照片、短信，甚至直接复制用户的通讯录，这都是严重侵犯用户隐私权的行为。上述现象不仅经常发生，有些还特别隐蔽，让消费者不易察觉、防不胜防。

在收集、存储消费者个人信息的过程中，消费者的个人信息和隐私很可能会发生泄露，产生危害消费者的不良后果。例如，索尼音乐公司利用技术措施将用户对互联网的使用情况发回公司，之前还曾利用电子录像便捷系统来记录用户看过的每一部电影的信息。美国暴雪公司将“Warden”监控程序部署在很受欢迎的“魔兽世界”这款游戏中，目的是监控作弊行为和黑客。该软件的升级版包括一个叫“监狱长”的监测软件，它会被安装在用户的个人设备上。“监狱长”会监测用户的电脑，包括任何使用 windows 系统的电脑，以确保游戏运行时没有其他软件在运行；还会调查用户的游戏活动情况，根据调查结果，暴雪公司可能会采取相应行动，如冻结账户等。

与此同时，互联网企业之间的数据交易行为，也使消费者的个人信息（含隐私）处于不安全状态。大型互联网平台会通过隐秘方式变相处理手

❶ 扎克伯格承认脸书也收集非注册用户的信息［EB/OL］.［2018－04－13］（2020－03－25）. https：//www. sohu. com/a228114145_116237.

中的信息资源，最典型的是企业间的数据共享合作和并购，如阿里巴巴与高德公司合作建立海量的基础地图和生活服务数据库、美团公司将摩拜单车收入门下等，意味着消费者在一家公司的网络平台留下的数据信息，未经权利人认可与授权，就被直接转移到另一家公司。❶ 可见，互联网平台在通过直接或变通方式收集消费者信息数据的同时，也给消费者的个人信息安全造成威胁。

在技术措施中嵌入隐私监控装置并记录用户个人信息，对著作权人和生产经营者而言是极具吸引力的方案。但是从目前大多数技术措施实施者的情况来看，他们在部署技术措施（包括监测软件）时，是没有就监测的范围和将要限制的内容提供充分、足够的标识、警示或通知，来提醒消费者注意的，而这一点尤其重要。

五、安全漏洞与数据安全隐患

当互联网平台收集了数据，保护数据安全就是其重要责任。对于收集到的数据，互联网平台可以为了消费者福利的必要在业务范围内使用该数据，但不得将其作为产品转手卖给其他企业。然而，现实生活中却发生了很多转卖数据的事情。

在我国，2017年曝光的现金贷平台向数据公司购买所谓的“数据产品”，再通过爬虫技术获得用户在移动通信、淘宝等电商、微信等社交网络上的行为轨迹，以及包括央行征信报告、水电煤气使用等在内的生活信息，作为平台放贷前评估用户风险的“风控奇招”❷。网络空间的信息安全问题已经成为各国关注的重点。

技术措施的广泛应用会引起、加剧、放大消费者电脑系统或其他电子设备的安全漏洞问题。当技术措施切实控制或限制电脑或其他设备的访问

❶ 陈剩勇，卢志朋. 互联网平台企业的网络垄断与公民隐私权保护——兼论互联网时代公民隐私权的新发展与维权困境［J］. 学术界，2018（7）：43.

❷ 个人信息买卖黑链：淘宝25页和京东3年数据仅需1元［EB/OL］.［2017－11－23］［2018－12－30］. https：//www. sohu. com/a/206289977_99891233.

等功能时，本质上是在对用户的默认设置进行修改或重新安排，并在一定程度上操控或干扰电脑系统。虽然部分消费者或用户希望通过技术手段去妨碍技术措施的运行，但技术措施的设计者或实施者往往技高一筹，会让技术措施本身有能力去抵制或抵抗企图篡改或隐藏技术措施软件的行为，使消费者或普通用户无法卸载或组织相关技术措施的运行。

技术措施的操控将消费者的电脑系统或其他电子设备置于不可防控的危险之中，使相关设备更易受到外界干扰。病毒、间谍软件和垃圾邮件等恶意软件会从技术措施软件的反篡改性这一特性中获益，这些恶意软件将有机可乘，能隐藏起来，使消费者很难将其查找出来并予以删除。

举例来说，为了增强反侦察能力，索尼音乐公司的 XCP TPM 软件运用了一项名为“Rootkit”的电脑开发软件，将技术措施软件隐藏于 windows 系统的注册表里，伪装成系统运行必不可少的程序之一。索尼音乐公司的 XCP TPM 软件设计出的反用户干扰功能使其可以检测用户电子音乐的使用情况而不受用户干扰。但因这款 TPM 软件的应用，使消费者的电脑更易受到恶意软件的攻击和侵害。恶意软件将利用 XCP TPM 软件对消费者的反侦察特性来防止自己被杀毒软件消灭。当 XCP TPM 软件被插入其他用户的电脑时，恶意软件也会随之感染其他用户的电脑。

然而，对消费者而言最严重、最可怕的却是，在自己购买的数字内容(作品或产品)、电子设备中，技术措施的存在本身以及技术措施应用可能导致的上述严重后果，消费者对此可能浑然不觉。这些都是技术措施实施者为消费者埋下的定时炸弹。

六、难以预见的规避责任风险

尽管著作权人和生产经营者一般不会主动向消费者提前、充分披露有关技术措施的相关信息，但部分消费者还是吃惊地发现，自己意外地因涉嫌违反法律关于禁止规避技术措施的规定而被起诉，甚至可能被要求承担法律责任。

例如，上文提到打印机与墨盒的捆绑销售与不兼容问题。那些为打印机购买兼容墨盒（非原装墨盒）的消费者，就有可能被指控规避了设定的技术措施，而消费者在购买打印机时可能无法预见这种责任风险。又如Techmo v. Ninja Hacker案，也是一个因缺乏足够的技术措施注意义务而引发法律风险的案例。Techmo起诉了某论坛的用户，这是一个供Techmo玩家交易游戏中的皮肤颜色、服装等装扮的论坛。Techmo声称，为了允许改变游戏装扮，用户需要修改他们的Microsoft Xbox系统，使电脑能与外部的硬盘实现互动。据Techmo的说法，Xbox系统是一个对游戏装扮起限制作用的系统，属于一种技术措施，因此，用户未经授权的修改装扮行为是对技术措施反规避保护规定的违反。

由此可见，消费者、游戏玩家用户（包括上述论坛的用户）都需要对自己购买的数字产品（含作品）中的各种技术措施保持高度警惕并尽到充分的注意义务，否则一不小心就容易落入规避技术措施的“陷阱”。当然，消费者等主体首先必须对手中的数字产品（含作品）中的技术措施的相关信息有充分了解和认识，否则，连哪些属于技术措施控制或限制的部分，哪些是技术措施，哪些能做、哪些不能做，都不清楚，又如何尽到注意义务，避免法律责任风险呢？

七、数字作品二手市场的消亡

二手市场的活跃与繁荣，能为包括消费者在内的社会公众提供更多接触、享受作品的机会，从而促进信息、文化的交流与创新。著作权法中的权利穷竭原则为作品二手市场的存在和发展保驾护航，较好地平衡了著作权人与消费者的利益，有效促进了作品传播。[1]

二手市场对增进消费者福利意义重大。一方面，该市场机制允许消费者将合法购得的作品原件或复制件通过转售、出借等方式向其他人提供作品，而转售和出借受著作权保护作品的复制件是扩大获取这些作品的机会

[1] 不过，基于数字作品的特征，权利穷竭原则在适用于网络环境下的作品流通时遇到了“瓶颈”。

的重要手段。[1] 不仅是花高价钱购买作品的一手复制件的消费者可通过转售作品的复制件以补偿自己已支付的对价，而且二手市场的买家也可以相对较低的价格获得该复制件，由于二手复制件有更大的折扣，这无疑降低了消费者文化消费的成本。另一方面，消费者还可以通过有偿或无偿方式向已拥有该作品复制件载体的朋友借阅，或者善良的消费者将合法取得的作品复制件转赠给他人，这对贫穷地区的消费者是好消息。

然而，技术措施的存在和广泛应用使数字作品的二手市场几乎消亡。例如，微软公司为了限制 Windows XP 系统在多台计算机上安装，使用了一种名为“网络共享技术”的程序。数字作品的二手流通、转售、赠送都因技术上的障碍成为不可能。

实际上，著作权人或出版商完全可以利用技术措施来控制数字作品的复制次数，从而限制作品在二级市场的转售或其他方式的流通，避免过多的转售或共享行为。比较常见的是电影行业部署在其发行的 DVD 上的“内容频扰系统”（Content Scramble System），它使消费者无法将 DVD 中的电影内容复制到电脑上。

八、其他方面的不良影响

除了上述列举的对消费者权益的若干侵害或威胁，技术措施的应用还有其他对消费者不友好的方面，如未经允许就擅自改变或停止服务，未经同意就在消费者的电脑系统或其他设备上自动安装相关软件；等等。

有些消费者发现自己购买的商品或服务，在没有被提前告知的情况下，就突然改变了功能，使消费者无法及时弥补由这种改变带来的损害；而且，消费者对此改变也只能被迫接受。例如，苹果电脑在其 iTMS DRM 软件上就有类似行为，自从消费者于 2001 年购买该服务起，苹果公司擅自改变电脑可以备份的数量以及允许电脑访问用户信息，至少有三次此类擅作主张的改变；在苹果商店，苹果公司明确保留了任何时候可改变“用户

---

[1] Wendy J. Gordon. Intellectual Property as Price Discrimination: Implications for Contract [J]. CHI. - KENT L. REV., 1998 (73): 1367 - 1389.

规则”的权利及其他限制，无须事先告知消费者。类似的擅自改变服务的行为也发生在部分录像机生产商身上。

糟糕的是，那些用技术措施保护著作权的公司有时会突然中止服务或者突然停业。举例来说，当消费者购买 DivX 视频光盘系统后，他可以在限定时间内观赏多部电影，而当消费者花更多钱购买了“永久”观赏电影的项目时，一旦公司停业，消费者就傻眼了，似乎只能自认倒霉。类似情况也出现在索尼公司的“BGM”服务上，这项服务自 2006 年开展，但有消息称该项服务将要被关闭了，很多消费者将无法合法地下载音乐。

九、本节小结

总之，无论是数字产品（包括数字作品）还是电子媒介产品，附着其上的技术措施都将给消费者带来各种潜在风险：有的是限制了消费者出于合理、私人和非商业化的目的灵活使用和复制相关作品或信息内容的权利；有的会导致消费者期望与失望的鲜明落差，消费者期望的使用方式往往受到较多限制，有些甚至是不合理的限制；有的不符合透明度原则，未尽披露、告知或通知义务，导致消费者的知情权形同虚设；有的直接侵害消费者的自由选择权，涉嫌限制交易、损害竞争等不正当竞争或垄断行为；有的直接侵害消费者的个人信息甚至隐私权益；有的隐蔽性强，可能导致消费者的规避责任风险但消费者并不知情。上述种种，将给消费者增加额外的成本、负担甚至带来法律责任。

技术措施的广泛应用乃至滥用，将对广大消费者产生广泛而深远的消极影响，因此，对于任何将对消费者的复制、使用、在不同格式或不同设备间的转换等造成限制的技术措施，法律都应当要求技术措施实施者必须在销售前予以明确、充分的披露或告知。在巨大的电子信息产品和服务市场，技术措施的透明度异常重要，只有在确保技术措施透明度的前提下，才能符合消费者的合理预期。

第二节　技术措施影响消费者选择权的实例分析

在视频网络播放平台领域，自2013年以来，我国司法实务界涉及屏蔽视频广告的案例频发，多是与反不正当竞争的案由相关。其中，优酷诉金山猎豹浏览器不正当竞争案是我国首例浏览器过滤视频广告的案件，涉及浏览器自带的广告过滤功能对视频网站的商业模式及利益所造成的冲击，是否构成不正当竞争的问题，是否应当予以禁止。

本节将以我国首例浏览器过滤视频广告案为主要实例，对技术措施的采用可能造成的对消费者选择权的限制与剥夺等消极影响进行具体分析。

对于浏览器开发商的行为是否构成不正当竞争，学界有不同观点，但大多侧重于行为“正当性”分析。不过，笔者研究发现，美国、德国等国家在部分类似案件中十分重视对“用户利益”和消费者选择权等重要因素的考量。

一、案例背景

在传统的媒体收视模式和背景下，消费者仅能被动接受媒体经营者对节目、频道等的安排，从而不得不支付额外成本以购买捆绑收费性视频内容，可选择空间十分狭小。然而，在网络视频等媒体运营商的推动下，网络视频产业活力四射，不少消费者由传统媒体收视转向多元化的，有更多时间、空间和内容选择余地的网络媒体。网络视频和媒体炙手可热，成为竞相争夺的热门领域，商业利益可观。经营者在追逐商业利益、争夺用户群的过程中，部分商业模式遭遇了挫折和摩擦，其中，因部分带有广告过滤或快进功能的浏览器所引发的纠纷，我国2013年就发生了两起，引起司法界和学术界的广泛关注，学者们看法不一。[1]

---

[1] 袁锋. 浏览器自带网络广告屏蔽功能的竞争法责任研究［J］. 北京政法职业学院学报，2014（2）：10－15；张广良. 具有广告过滤功能浏览器开发者的竞争法责任解析［J］. 知识产权，2014（1）：8－11.

在众多声音中，司法界的主流观点是既有商业模式，也有相关产业利益的维护。笔者认为，这些声音更侧重于维护数字版权产业、视频产业者的商业利益，值得注意的是，在我国网络经济的发展过程中，用户利益、消费者权益等总体上未得到足够的重视，尤其是在线广告、垃圾邮件的法律规制问题，消费者在网络视频服务中的选择权保障等问题，均尚未得到较好的解决。若从消费者利益和网络用户利益的角度解读相关问题，也许会得出不同结论。

二、典型案例的案情简介

（一）优酷与金山猎豹浏览器之间的纠纷

优酷与金山猎豹浏览器之间的“屏蔽大战”可谓2013年视频网站的大事件。

1. 优酷诉金山猎豹浏览器不正当竞争案

2013年，金山开发的猎豹浏览器因具有“页面广告过滤”功能被优酷网的经营者合一信息技术有限公司诉至法院。合一公司认为，金山构成不正当竞争，索赔500万元。

在审理中，合一公司表示，优酷网的营利模式包括收费模式和广告模式两种。前者即付费用户每月支付7.5元即可在观看视频时选择不观看优酷网提供的广告，但该模式并非网站主要的盈利模式。而广告模式为主要营利模式，针对的是免费用户，免费用户观看视频时需观看优酷网站中投放的广告，而无法跳过广告直接观看视频。合一公司认为，猎豹浏览器通过一系列技术措施，主动向终端用户提供“页面广告过滤”功能，使优酷网原本合法投放的视频广告被过滤，侵害了视频网站及其广告客户的正当权益，造成极为恶劣的影响和巨大的经济损失；金山的行为已构成不正当竞争。

金山公司则认为，视频网站过多、过长的广告不断遭到用户诟病，猎豹浏览器过滤优酷过多、过长的视频广告，是符合用户需求的举措，该行为系基于公共利益，具有合法性。浏览器具备过滤网络广告的功能属于行业惯例，且猎豹浏览器的广告过滤功能默认关闭，需要用户主动开启才发生作用，浏览器仅是提供给用户使用的工具，具有技术中立特点，未代替用户选择过滤广告。就我国法律而言，这种为了优化用户体验而触及优酷视频商业模式的做法，目前在法律定性上存在一定的现实困难。❶

2013 年 12 月 20 日，北京市海淀区人民法院作出一审判决，优酷胜诉，金山猎豹浏览器方面应向优酷赔偿损失 30 万元人民币。法院认为，金山猎豹浏览器非法拦截优酷视频贴片广告的行为侵犯了优酷的合法权益，已构成不正当竞争，金山应承担优酷的经济损失、合理费用和全部诉讼费用，并在金山猎豹浏览器首页对优酷进行公开致歉，消除影响。金山不服，提起上诉。2014 年 9 月 12 日，北京市第一中级人民法院作出终审判决，驳回上诉，维持原判。法院认为，金山构成不正当竞争；并认为优酷的视频广告并非恶意广告，其商业模式可受法律保护。

2. 金山诉优酷不正当竞争案

具有戏剧性的是，金山猎豹浏览器反过来也对优酷网提起了不正当竞争诉讼。2013 年 12 月 27 日，金山猎豹浏览器诉优酷网不正当竞争案❷也由北京市海淀区人民法院作出一审判决，结果金山胜诉。法院认为，优酷网歧视性对待猎豹浏览器的行为，主观故意明显，违背了公认的商业道德，构成不正当竞争。因此，优酷被判决应承担猎豹浏览器的经济损失、合理费用和全部的诉讼费用 20 万元。2014 年 9 月 28 日，北京市第一中级人民法院作出终审判决，判定优酷网对猎豹浏览器采取区别对待的行为构成不正当竞争，赔偿原告方 20 万元人民币。

随着上述两个案件终审判决的尘埃落定，猎豹浏览器与优酷之间的

---

❶ 金山猎豹的官方声明［EB/OL］.（2014－04－20）. http：//www. donews. com/net/201312/2675652. shtm. 金山还表示，任何商业模式都是市场的选择，而非企业强加给用户的存在。当然，在法院作出判决后，金山也发表声明，称“对话好过对抗”，并表示，希望与优酷展开对话与合作，在优酷的商业价值和用户体验中找到平衡点。

❷ 该案主要案情：虽然市场上有多家浏览器均安装了第三方广告屏蔽插件，但 2013 年 3—4 月，优酷网只针对猎豹浏览器一家进行了限制视频播放的技术处理，而对其他浏览器在优酷网视频片头广告被屏蔽的情况或行为，并未采取限制视频播放的技术处理。同时，优酷网在后来已经确认猎豹浏览器停止过滤优酷网视频广告的情况下，仍然对猎豹浏览器进行歧视性对待。

“屏蔽”大战宣告结束，用户使用猎豹浏览器访问优酷的各项功能也恢复正常。

（二）傲游浏览器的“马上看”引发的纠纷

2014 年 2 月 20 日，傲游浏览器正式上线新版本“马上看”浏览器，主打功能是广告快进功能。用户在使用该版本的浏览器观看视频时，可通过点击快进按钮实现广告快进的效果。但随后，各主要视频网站开始采取技术措施对傲游进行反击，❶ 用户发现该新版浏览器的“马上看”功能对部分视频网站失效。例如，在使用其观看搜狐视频、优酷视频、PPS、乐视等网站的视频时，若不使用广告快进功能时可以正常观看，但在点击“快进”后，PPS、乐视、优酷等网站均不能正常播放，提示“不支持该浏览器”。

各视频网站还表达不满：乐视网表示，这是明显的不正当竞争行为，恶意破坏了行业的良性发展和商业模式；优酷方面表示，对傲游拦截视频广告的行为，公司将采取一些技术反制措施；搜狐方面也表示反对，称其违反了视频网站的游戏规则，是典型的不正当竞争行为。傲游方面却表示，根据工信部 20 号令和其他相关法律，任何针对傲游用户的拦截行为都是违法行为。❷

三、优酷诉金山猎豹不正当竞争案审判逻辑之评析

关于浏览器过滤或快进广告等类似行为，我国现行法律对于该问题的

---

❶ 优酷“威胁”“傲游”浏览器引争议，贴片广告有多不堪［EB/OL］.（2014 - 04 - 18）. http://www.newhua.com/2014/0222/250685.shtml.

❷ 傲游的 CEO 称，傲游快进功能是一个通用的中立技术功能，并不针对任何网站进行技术开发，也并非专门针对视频网站的贴片广告而开发。用户有权操作其电脑并控制其浏览器中展示的内容。任何人都没有权利强迫用户接受其强加的任何信息和服务，否则将严重侵犯用户的公平交易权和选择权。

规定比较模糊，理论界与实务界的看法则存在一定的分歧。[1] 从优酷诉金山猎豹浏览器案来看，一审、二审法院均判定构成不正当竞争，主要是从维护优酷等国内主要视频网站运营商的利益以及维护行业整体利益的角度出发的。其中，一审法院认为，优酷网视频广告属于合一公司正当商业模式下所提供的整体服务之一部分，而非行业惯常认定的恶意广告，该商业模式具有可受法律保护之利益；被告通过猎豹浏览器过滤广告的行为具有不正当性，应承担相应法律责任。二审法院也认为，金山构成不正当竞争，优酷网的视频广告并非恶意广告，其商业模式可受法律保护。

从两级法院的审理逻辑来看，要点有二：其一，原告的商业模式及相关利益具有正当性，应受法律保护，因为其并非行业所谓的“恶意广告”；其二，被告的过滤广告行为具有不正当性，因为其造成了原告的损失，还有因此吸引了大量用户从而便于自身谋利。然而，法院几乎未提及原告与被告之间是否存在竞争关系和竞争行为。也就是说，原告的商业模式及其合法、正当利益受到了客观、实际损害或威胁，是由被告造成的，所以被告的行为构成不正当竞争；适用的法律依据也是《反不正当竞争法》。

思及此，不免让人生疑：从该纠纷中的各种构成要件而言，无论怎么看都更像是纯粹的民法中侵权行为的构成要件，即“侵权”（“不法”）行为、实际损失、因果关系及可推定的主观过错四要素；而不符合传统、典型的不正当竞争行为的构成要件——竞争关系、竞争行为和不正当性等要素。而且，行为的“侵权性”或“不法性”是通过正当利益受到损害这一结果所推导出的，并非行为自身所固有的、直观上的“不法性”。然而，在对该行为定性时，法院却认定其属于“不正当竞争”行为而非“侵权”行为，法律适用上，相关判决书中也仅仅是单一的《反不正当竞争法》，而非《民法通则》或《侵权责任法》，侵权等民事法律或理论更是只字未提。

---

[1] 在猎豹浏览器拦截优酷视频广告的案件中，北京市海淀区人民法院认定猎豹浏览器的行为构成不正当竞争，从而判定猎豹浏览器道歉并赔偿优酷 30 万元。但在理论界，也有学者认为猎豹浏览器的行为不构成不正当竞争。参见中国知识产权报版权专题．浏览器拦截或快进广告侵权吗?［EB/OL］.［2014－05－03］. http：//www. cipnews. com. cn/showArticle. asp？ Articleid＝30974.

这种存在于构成要件与法律定性及适用法律之间的十分明显的矛盾性和不匹配性，恰恰凸显了裁判机关在逻辑推导上的难以自洽、难以让人信服。少数学者在分析和评论时，对《反不正当竞争法》第2条关于一般性规定之于该案的适用，显得十分勉强而吃力。该条款在用于解释相关浏览器广告过滤行为属于“不正当性”的“竞争”行为时，缺乏足够的说服力。

法院的逻辑推演总体呈现如下：我国当前“免费视频＋广告”属于主流商业模式—视频网站的商业模式合法且利益应受保护—浏览器过滤广告破坏了该商业模式、损害了相关利益—广告过滤行为是不正当的—构成不正当竞争行为。因为是主流商业模式，涉及面较广泛，出于政策的考虑，倾向于保护该模式和相关网站的利益，必须阻止此类将导致威胁和不良影响的行为，因其具有不正当性，所以构成不正当竞争。

在该案中，法院倾向于维护以原告为代表的视频网站的商业模式、相关利益以及紧密相连的该行业的整体利益，于是判定浏览器广告过滤行为的不正当性，但因缺乏量身定做的法律法规，只能直接忽略并跳过“竞争关系”和“竞争行为”中的“竞争”二字，跃至“不正当竞争”的结论。由此看来，该案判决更像是政策考量的结果，而非纯粹、理性的法律分析和法律逻辑思维。

四、域外类似案例中对广告拦截行为性质的司法判定

国外对广告拦截问题或类似纠纷，是如何对待、解决的呢？类似的网络广告拦截或屏蔽行为在美国、德国均有发生，部分案例被认定为不构成不正当竞争。当然，两国法院的判定标准和具体理由有细微差别。

（一）美国法院的“用户利益”考量

美国法院在处理类似纠纷时，通常会将“用户利益”或“消费者选择权”作为判断的重要标准之一。从20世纪60年代开始，美国消费者权益

保护运动的发展使得用户在经济活动中的重要性逐渐突出[1]。法院开始逐渐将用户利益的维护作为判断竞争行为正当性的一个至关重要的标准，尤其是在互联网等与消费者福利密切相关的技术领域。

1. Zango 诉卡巴斯基案

一个典型案例是 2007 年 9 月的 Zango 诉卡巴斯基安全软件拦截可疑程序案（Zango v. Kaspersky lab）。[2] 卡巴斯基是一个安全杀毒软件，其屏蔽功能与我国的 360 安全软件类似。Zango 公司起诉卡巴斯基侵权、请求法院颁发诉前禁令。结果，美国华盛顿西区法官约翰·科夫努尔（John C. Coughenour）驳回了 Zango 针对卡巴斯基实验室的诉前禁令申请，判决卡巴斯基实验室无须对 Zango 公司的诉求负责，卡巴斯基软件方面（被告）胜诉。2009 年 6 月，美国上诉法院以保护用户自由选择权为由再次驳回 Zango 的诉讼请求。[3] 这在反恶意程序行业是一个具有重大意义的判决。

该案判决的主要依据是通讯法（Communications Decency Act），该法案规定：对于提供者或使用者认为淫秽、低俗、色情、亵渎、过度暴力、造成困扰或其他无法接受的资料，只要是任何真诚、自愿地禁止接入此类资料的行为，那么，交互式计算机服务的提供者和使用者都无须对上述禁止接入的行为负责；无论这些材料是否受宪法保护，也无论信息内容提供者和其他科技手段采取何种行动禁止接入“上述”资料。在该案中，法官认为应当赋予用户自由选择权：“网络用户有权利选择过滤掉他（她）不喜欢或者觉得不适当的内容。一个不能忽略的事实在于卡巴斯基实验室给予用户充分的自由进行手动更新操作。”因此，法院认定用户既可以自由选择是否使用卡巴斯基软件的拦截功能，也可以选择使用其他软件。法院认为，这是用户个人选择的问题，不应做过多干预。法院还认为，消费者享有自由选择权：若消费者觉得屏蔽掉内容对自己没有好处，他会选择不使用卡巴斯基软件或者其屏蔽功能，而有可能选择其他软件。法院认为，这是个技术问题，不应过多干预。美国法官在这个问题上选择了消极的不作

[1] 苏晓智，张波. 创新型消费者权益保护体系构建研究［J］. 湖北社会科学，2013（9）：96.

[2] Zango. v. Kaspersky Lab，［2007］ No. C07 – 0807 – JCC（WL）.

[3] Zango. v. Kaspersky Lab，［2009］ 568 F. 3d 1169，09 Cal.（CA）.

为立场。

2. FOX 诉 DISH NETWORK 案

如果说上述卡巴斯基案因涉及计算机用户的安全防护问题而具有一定的正当、合理使用因素，那么与具有广告拦截功能的视频录制设备 Hopper 有关的另一个案件则应被视为更典型的案例。

2012 年 12 月，在 FOX 诉 DISH NETWORK 案[1]中，美国加州地区法院法官多利·吉（Dolly M. Gee）明确指出，“用户而非运营商才是判断是否侵权或者构成不正当竞争的最重要的因素。卫星运营商 Dish Network 销售的具有拦截广告功能的视频录制设备 Hopper 更好地迎合了用户的需求，符合用户的利益”。因此，该地区法院基于对用户利益的考量驳回 Fox 禁止卫星运营商 Dish Network 销售拦截广告的视频录制设备 Hopper 的请求。2013 年 7 月 24 日，美国上诉法院再次驳回 FOX、ABC 等大型广播公司关于禁止 Hopper 的请求。[2] 这个案例再次体现了用户利益和消费者选择是美国法院判定经营者的行为是否是构成不正当竞争行为时的决定性因素和重要标准。

在美国，随着包括带广告屏蔽功能浏览器或软件在内的新技术的发展，广告屏蔽相关问题引起了重视。有部分美国学者经研究认为，“依据美国的法律制度，广告屏蔽工具并不构成版权侵权或破坏商业关系，因此，在法律上并无救济途径，相关经营者可寻求技术上的措施保护自己的广告不被屏蔽”[3]。

（二）德国法院的“市场竞争”标准

德国法院十分注重维护自由竞争的市场经济秩序。因此，在判断这一类型的纠纷时，法院通常会将是否会导致市场阻碍作为判断是否构成侵权或不正当竞争行为的依据。例如，2004 年德国联邦法院在“Frensehfee”

[1] Fox. v. Dish Network，［2012］905 F. Supp. 2d 1088.（CC）.

[2] 《两大新兴电视技术或将重塑电视广播行业》［EB/OL］.［2014－04－19］. http：//www.chinahightech.com/html/737/2013/0408/161859.html.

[3] Jilian Vallade. Adblock plus and the legal implications of online commercial-skipping. Rutgers Law Review［J］. 2008，61（3）.

一案中认定电视广告屏蔽工具的销售商将不会造成任何形式的市场阻碍，并以此为由驳回原告的诉讼请求❶。又如，在德国汉堡法院受理的涉及具有广告屏蔽功能的网络浏览器（Adblock Plus）纠纷案中，法院认为，该行为不会影响市场的正常竞争，没有采取干预措施的必要。结果，原告基于法院的这一判断于2013年9月主动撤回临时禁令申请❷。

可见，无论是在美国还是德国，对此类纠纷的处理都不是单纯从经营者利益的角度来考虑的。相反地，他们特别重视对竞争和市场的维护（是否会导致对市场竞争的阻碍）以及对用户利益的维护，将其视为重要考量因素。虽然美、德两国的具体标准或侧重点似乎有所不同，但最终目的却是一致的。注重维护竞争的市场秩序本质上也是对用户利益的保护；只有在充分竞争的市场经济中，用户利益才能得到充分保护。

五、类似纠纷中“不正当”性判定的核心因素

（一）“消费者利益”或“用户利益”标准

在对相关案例撰文发表评论意见时，有学者深刻地指出，在该纠纷中，广大网络用户的利益即构成“社会公共利益”。“广大网络用户利益的维护，始终应是人民法院定分止争时考虑的重要因素。”他还指出，“鼓励新技术的开展与应用，为创新预留法律空间，本质上体现了对公共利益的维护。从微观上讲，网络用户对具有广告屏蔽功能的浏览器具有现实需求”；“因此，在该纠纷中，依法认定甲公司研发的浏览器不构成对乙公司的不正当竞争，恰恰体现了对创新的支持，也体现了对网络用户利益（包

❶ 张广良．具有广告过滤功能浏览器开发者的竞争法责任解析［J］．知识产权，2014（1）：8-11.

❷ Dr. Pietro Graf Fringuelli (et al). Distribution of online pop-up blocker adblock plus can continue [EB/OL]. [2019-03-01]. http://www.cms-hs.com/PR-AdblockPlus_01_10_2013_en. 2014-07-03, last visited.

括其享有的选择权）的维护”。[1]

但令人遗憾的是，在我国互联网相关纠纷或争议中，用户的利益或需求、消费者的选择权却往往被置于角落，至少不是首要考量因素之一。在著名的“3Q”大战——腾讯公司的QQ与奇虎公司的360之间的商战——中，腾讯公司就逼迫用户做出二选一的决定。在优酷诉金山猎豹浏览器案中，用户利益再次成为成全和顾全视频网站运营商利益的牺牲品。可见，与美国、德国相关案例的判案标准和理由相比，用户利益至少并非我国法院在判定类似案例时的首要标准及参考因素。这一点理应引起我国法院的足够重视。

（二）是否妨碍市场竞争

相关浏览器对视频网络贴片广告的拦截或快进，不仅未妨碍正常的市场竞争，反而有利于促进市场竞争，成为有利于促使相关视频网站为迎合广大网络用户需求、改革旧有商业模式的直接动力。“穷则思变”，绝处逢生，绝境正孕育着新的生机和机遇。若部分网站在此类浏览器的打击下，能切实地赋予广大网络用户在是否观看广告以及选择观看何种类型的广告等方面更多的选择权，相信这样的网站更能获得用户青睐。参照德国法院的相关案例，此类行为也将被判定为不构成市场阻碍行为。

（三）是否具有其他不正当性或可责难性

笔者认为，相关浏览器屏蔽或快进广告的行为并不具有当然的、先天的其他方面的不正当性或可责难性，主要有以下原因。

1. 符合技术中立原则

美国最高法院在索尼案（Universal v. Sony）中引入的技术中立原则被公认为技术和用户的胜利。[2] 该案判决认为，如果该设备“广泛应用于合

[1] 张广良．具有广告过滤功能浏览器开发者的竞争法责任解析［J］．知识产权，2014（1）：8－11．

[2] Lital Helman. Pull too hard and the ope may break：on the secondary liability of technology provides copyright infringement［J］. Texas Intellectual Property Law Journal，2010.

法的、不被反对的目的”，对于此后的侵权行为不承担责任。这就是所谓的“实质性非侵权用途标准”，又称“索尼原则”。也就是说，技术本身没有善恶之分，一项技术用于合法用途还是非法用途，并非技术提供者所能预料或控制。因此，不能因新技术的出现而令其提供者承担责任。

应当承认，浏览器拦截、快进广告的技术具有中立性，是否使用的选择权在于广大网络用户，而且，技术的发展往往具有超前性。当一项技术诞生之时，没有必要急于对其作出评价或判断。尤其是当技术发展的前景尚不明确时，或者不能通过理想化方式解决的问题，“不要贸然一棍子打死，要留有余地和循序渐进，为创新和发展留下空间”❶。作为一项新技术、新功能，浏览器对广告的拦截或快进，法律（司法）无须急于对其进行过多干预或评价，而应交由市场判断和检验。

2. 不违反互联网行业公认的商业道德

笔者认为，拦截或快进广告的行为不违反公认的商业道德，符合“理性经济人”的道德水平。从法律上讲，经营者并没有保护其他经营者利益的法定义务。视频网站的商业模式并不当然受法律保护。视频网站运营商对其商业营利模式不享有法定权利。视频网站“免费视频+广告”的商业模式本质上是一种商业谋利思路，属于思想范畴的内容。因为版权法只保护作者一定构思的独创性表达，而不能延及构思本身，这是划分版权保护范围的一项基本原则。除非通过审批程序获得专门的知识产权保护（如申请取得商业方法专利），商业模式本身并不当然受法律保护。作为互联网行业市场交易的参与者，浏览器的开发运营商的逐利性是本性使然。浏览器运营商也没有义务尊重或维护其他经营者的商业模式。

因此，猎豹、傲游浏览器通过向用户提供拦截或快进贴片广告的功能、实现更好的观看体验，达到争夺网络用户量等目的是互联网市场交易参与者的正当竞争行为，也是市场竞争法则所允许的竞争行为。在互联网领域，这样的行为是符合商业道德要求的，不具备可责难性。

当然，想要捍卫并维系自身的商业模式，视频网站完全可以采取相关

❶ 孔祥俊．知识产权保护的新思维——知识产权司法前沿问题［M］．北京：中国法制出版社，2013：238－239.

的技术反制措施，也采用屏蔽或其他不兼容方式以达到排斥用户使用猎豹、傲游等浏览器的目的。这纯粹属于技术领域和市场行为，不涉及法律上的评判问题。在法律上，无论是浏览器的屏蔽或快进广告行为，还是优酷的技术反制行为，都不构成不正当竞争。

3. 不构成对软件的版权侵权等侵权行为

浏览器拦截、快进视频网站广告，是通过改变浏览器与视频网站软件之间的调用条件，通过浏览器改变一定的数据参数信息，从而实现改变视频网站软件贴片广告的功能。可见，在浏览器的运行过程中，并未改变视频网站软件本身，而只是改变了视频播放的环境，一般不会构成对软件权利的侵犯。

4. 须以“竞争关系”作为前提条件

笔者认为，在与浏览器拦截、快进视频网站广告的纠纷中，涉及浏览器主要以过滤或屏蔽功能为主要特色和优势以吸引用户而获利的问题，以及视频网站因广告播放量和概率降低而利益受损的问题，此获益与受损之间当然是存在因果关系的。但根本原因在于，忍受视频播放前的贴片广告并不符合部分消费者的需求和利益，而相关浏览器刚好满足了此种需求，于是，两者形成了紧张的对抗关系和利益冲突。

值得注意的是，作为不正当竞争行为判定的前提，经营者之间原则上必须具备竞争关系。尽管目前在互联网领域，不少经营者的经营范围具有综合性、免费与收费项目混合、主营和兼营业务模糊难分等新特点，但笔者认为，至少经营者双方要在某些业务范围内（或延伸部分）存在交叉或交集，才能在对对方经营产生影响的前提上进一步探讨所谓的“竞争”正当与否的问题。

有学者认为，互联网领域内“竞争关系”的认定和理解已产生了一定的广义化趋势，然而，我们不能走极端，不能完全抛开“竞争关系”和“市场”范围的分析和判定；否则，竞争法将会“面目全非”，不再是“竞争法”了。而在优酷诉金山案中，在专营浏览器（工具）与专营视频内容这种明显缺乏直观竞争关系的背景下，法院对金山构成不正当竞争的认定很难让人信服，至少需要补充大量论据作为支撑。

六、对司法界和产业界的建议

从以上论述可知，猎豹、傲游浏览器过滤、快进广告的行为既未损害市场竞争，也未违反诚实信用原则或互联网行业公认的商业道德。笔者认为，相关行为不构成不正当竞争行为，相关法院就优酷视频诉金山猎豹浏览器不正当竞争一案的一审、二审判决结果有待商榷。

互联网领域的新技术、新现象异彩纷呈，新纠纷不时出现，给我们的司法审判带来了新的挑战，关于此类经营者之间以及经营者与网络用户（消费者）之间的利益冲突，笔者有如下启示和建议。

（一）司法界应提升对用户利益等的重视程度

在认定竞争行为的正当性时，我国法院应切实提高对用户利益和需求的重视程度，尤其是对技术创新等代表社会公众利益层面应更多考虑。从上文的介绍可知，在处理类似的因广告被拦截或被快进而引发的纠纷中，美国或德国的绝大多数法院所采取的态度是迂回或不作为，有些法院甚至明确点明其属于技术领域或市场问题，继而拒绝进行直接裁判，主张应由消费者自己选择、由市场自己解决，这样，在给市场和技术革新留下足够空间的同时，更重要的是顾及了广大网络用户（社会公众）的利益。况且，法院不干涉的原因还在于其认为此种行为并未对竞争造成阻碍或损害，不构成市场阻碍，也未损害消费者福利。

实际上，技术本身、商业模式的创新、用户利益（选择权）都是社会公共利益的典型代表，新技术的问世本就不可避免地将对部分旧有势力或市场主体的既有利益造成威胁或现实损害，但我们不能仅因旧有势力的利益受损这一事实就完全否定相关技术可能给社会大众带来的公共福利。正如我们所看到的，伴随着优酷诉金山猎豹浏览器不正当竞争案一审、二审判决的尘埃落定，威慑力得以彰显，市场上带有拦截或快进功能的、稍有名气的浏览器或相关软件几乎销声匿迹了，当然，ADsafe 广告管家等极少数软件因尚未成为打击目标而幸存。这对相关技术研发的“喝止”效应可见一斑。笔者却认为，这并非好现象，其直接效果是传统商业模式继续大行其道，更好的用户体验提升计划欠缺直接、强有力的动力，革新丧失了动力，相关网站将更缺乏竞争意识和危机意识，最终影响的是消费者福利和社会大众的公共利益。

（二）产业界应努力改进商业模式以提升用户体验

我国的视频网站目前主要以“免费视频 + 广告”的商业模式来经营。在此模式之下，用户在享受免费视频服务的同时，必须忍受冗长广告的折磨。而早在几年前，美国几大视频网站（如 YouTube、Hulu）就在商业模式中充分尊重和考虑用户的选择和需求。在未来的互联网市场发展中，用户的作用会越来越大。如何迎合用户需求，获得用户青睐，这是各视频网站未来发展须考虑的重要问题。

据美国麻省理工学院的一项研究，被调查对象的反应和反馈显示：网络视频广告加载时长每增加 1 秒，就会有 6% 的用户放弃观看；加载时间达到 5 秒，将有 20% 的用户放弃观看；广告时长如果达到 15 秒时，观众几乎会全部放弃观看。虽然该调查结果来自美国，但道理是共通的：网络视频公司在策划广告计划时必须充分考虑到网络用户的心态和容忍限度。我国视频网站可以考虑赋予用户更多的观看视频广告的选择权，在改进商业模式的同时赢得消费者的认可和忠诚。

美国互联网市场的做法比较具有代表性，供我国视频网站参考或借鉴。美国各主要视频网站的现行做法大致可分为两种类型。第一种是用户可以跳过广告模式，即 YouTube 模式。第二种是用户自己选择观看广告模式，即 Hulu 模式。

1. YouTube 模式

据介绍，YouTube 目前的广告形式有 3 种：第一种是透明广告，视频画面下方有一个透明的广告框，对视频观看几乎没有影响，对广告感兴趣的观众可以点击这一个透明框来观看广告。第二种是跳过广告，广告播放 5 秒后用户可以选择跳过。第三种是不可跳过的广告，比例很小且时长有限制。这 3 种广告均尽可能减少广告对用户的影响，减少丧失用户的数量和可能性。其中要数第二种模式“跳过广告”最具特色和优势。

2010 年 12 月，YouTube 正式推出了新的广告格式“True View”，这种格式可以让用户跳过不感兴趣的广告，且赢得了广告商的满意。True View 与以往使用的格式略有不同：当一部 True View 格式的广告开始播放时，用户会在视频画面中看到一个“5 秒钟”的倒计时器，与此同时会出现一个箭头，用户若不想观看这段广告，顺着箭头点击即可跳过广告，重新回到之前浏览的内容。

YouTube 让用户自己选择是否跳过广告的配套盈利方式在于：YouTube 的广告商是以用户在 YouTube 视频网站上记载的广告点击量为付费标准的。广告商只有在用户点击观看广告的情况下才需要支付广告费用，若用户选择跳过而不浏览广告，广告商就无须向 YouTube 支付费用。这样赋予了用户很大的选择权。YouTube 采用这种广告策略，不但改进了用户在观看视频时所获得的服务质量，提升了用户体验，而且提高了广告的效率性。因为用户通常倾向于对自己选择浏览的广告表示出兴趣。如此实现了广告商、视频网站运营者和用户三者的共赢局面。

2. Hulu 模式

2010 年 8 月，为增强在线视频广告业务的盈利能力，视频网站 Hulu 计划让用户自己选择观看的在线广告。出于降低用户对广告的抵触情绪的目的，Hulu 开发出多样性技术以提升用户观看视频时的体验。用户可以根据喜好选择观看相应广告，或者选择观看一段电影预告片以替代观看广告。让用户自行选择观看的广告这一方式，使得 Hulu 为广告商提供了更具针对性、更有效的宣传。通过让用户自主选择感兴趣的广告，Hulu 能帮助广告商更精准地到达目标用户；同时，用户自行选择观看广告也让用户更容易接受广告。

与 YouTube 相似的是，Hulu 采用这种广告模式也是由其广告收费模式作为基础和支撑的。Hulu 并不是以固定价格向广告商出售广告位置，也不是按固定价格向内容提供商支付内容成本，而是按照每个月、每个广告（或节目）的观看次数与广告商及内容供应商进行结算。Hulu 让用户自己选择想要接受的广告信息，这种模式的设计能收到更好的效果。

可见，在互联网商业模式的改进与发展过程中，若能充分考虑并顺应用户的利益或需求，必将有助于视频网站赢得更多用户的青睐，获取丰厚的利润与回报。双赢才是长久之计。

（三）考量将网络用户选择权等消费者权益纳入立法计划

2013 年，美国的网络视频产业界也有一件大事发生。鉴于消费者对网络视频的选择及弹性需求日益增长，2013 年 11 月，美国参议员约翰·洛克菲勒（John D. Rockefeller）推动制定一个新的法案，即“消费者网络视频选择法案”❶（Consumer Choice in Online Video Act）。其目的在于提供完全的“单频单卖”（a la carte），使消费者有权利自主选择看什么节目内容，决定何时观看，选择观看的具体方式，并且仅仅为实际观看的内容付费❷。该草案要求网络服务业者必须向消费者提供更完整精确的账单信息；希望能使消费者真正受益于网络视频所带来的成本降低、更多元的选择和更高品质的内容及服务。

在我国，包括网络视频服务行业在内的网络服务行业领域的消费者选择权也是消费者权益保护的重要内容和组成部分，其实质是自由交易权和公平交易权，不强迫买卖，不强迫用户接受捆绑性服务或者不需要的对象（包括内容）。目前，我国主要是在网络购物等方面为消费者提供了较为周全的保护，但网络视频等某些领域还有待加强，将其纳入相关立法不失为一个好办法。

七、本节小结

总的来说，笔者认为猎豹、遨游浏览器拦截或快进视频网站贴片广告

---

❶ Consumer Choice in Online Video Act, S. 1680, 113th Cong. (2013). 来源：Hayley Tsukayama. Rockefeller announces online video bill [EB/OL]. [2012 - 12 - 16]. The Washington Post, http://www. washingtonpost. com/business/technology/rockefeller-announces-online-video-bill/2013/11/12/9527a89c - 4bb4 - 11e3 - be6b - d3d28122e6d4_story. html. 2013 - 12 - 12. 该法案一方面希望能让消费者真正受益于成本的降低、多元化选择和高品质服务，另一方面也将同时给予网络视频产业基本的保护，防止阻碍网络视频产业的反竞争行为，确保有效的市场竞争。

❷ 陈志宇．简介美国“消费者网路视讯选择法”草案［J］．科技法律透析，2014（3）：7 - 9.

的行为，既不构成侵权，也不构成不正当竞争。因未虑及广大网络用户的选择和利益，我国法院对相关行为的性质认定存在可商榷之处。浏览器拦截、快进广告的行为虽然冲击了视频网站的既有利益格局，但同时也着实为用户带来了便利。相关浏览器的拦截、快进行为并不违反公认的商业道德，也符合互联网市场的竞争要求。通过借鉴美国、德国法院的判定标准，同时考虑到用户在互联网经济运行环节中的重要作用，我们在认定互联网市场内经营者的行为是否构成不正当竞争时，应当更充分地考虑用户利益与消费者选择权，为中立技术留下更多的发展空间，尤其是技术问题应当交由技术和市场去解决，法律不宜过多干涉。借鉴美国互联网市场两大视频网站的商业运作模式，我国各视频网站运营商也十分有必要对陈旧的商业模式予以创新，将用户利益和需求作为其商业营利的核心因素，体现对用户利益的重视。

从视频网站平台的视频贴片广告的屏蔽风波这一实例，我们不难发现，视频网站平台所普遍采用的各种技术措施，已然对网络用户（包括实际消费者和潜在消费者）在相关平台上欣赏相关视频或其他版权内容的选择权、选择自由、观看体验等全面实施了有效的管控。笔者认为，一方面，这种管控是出于对网络平台自身权益的考量；另一方面，也应当警惕利用正当理由对消费者权益造成不当减损的风险与负面影响。法律应当允许消费者、网络用户拥有一定的、正当的自由选择权限。一定的自由空间，对消费者而言至关重要。至于这一空间具体有多大，如何维护两者利益的平衡，尚需进一步研究，细化相关规定与规则。

第三节　技术措施对社会公众利益的消极影响

著作权法在保护著作权人和相关权利人对作品等客体的专有权的同时，也对其进行了限制，主要包括公有领域、合理使用、法定许可、强制许可、有限的保护期限、权利穷竭、著作权保护的例外情形、技术措施保护的例外情形等。而技术措施的广泛应用、滥用以及过度保护，不仅侵害了消费者的诸多权益，还对广大社会公众的切身利益造成消极影响，因此必须遏制这种不良势头。

一、对公有领域和合理使用的侵蚀和蚕食

（一）技术措施对公有领域的破坏

技术措施天生具有很强的控制力和锁定效应。因此，技术措施一旦被不当利用或者滥用，就会对公有领域和社会公众利益产生难以预计和弥补的减损和消极影响。

技术措施对公有领域的蚕食，例证比比皆是。例如，当事实与受著作权法保护的表达结合在一起并被技术措施锁定时，一般人又不具备规避的技术或能力，而事实等原本属于公有领域的素材就会被技术措施实施者操控，变成事实上的私人垄断。又如著作权保护期限即将届满的作品，本来即将进入公有领域，向所有人免费开放，但因技术措施的存在，之前已被部署技术措施的保护客体事实上借助技术措施得以有效延长该保护的持续时间。在美国环球影城有限公司诉 Reimerdes 一案[1]中就有人指出，“控制作品获取的技术手段，根据未来的技术和商业发展，会产生限制接触不受版权保护的作品的风险，如著作权已过期的作品”。

（二）技术措施对合理使用的侵蚀

技术措施的广泛使用对合理使用的侵蚀也是十分严重的。主要原因在于，法律对技术措施的反规避保护与合理使用之间天生不具有相容性，是冲突对立的；更大的难题是，合理使用这一对法定的著作权保护的限制与例外，是否能推定或自然适用于对技术措施的规避行为呢，也就是说，合理使用的目的是否能成为规避技术措施的正当合法理由？至少从目前我国的相关规定来看，合理使用抗辩与技术措施的反规避保护两者之间的关

---

[1] Universal City Studios, Inc. v. Reimerdes, 111 F. Supp. 2d 294, 322n. 159 (S. D. N. Y. 2000).

系，十分暧昧不清。这就更加剧了学界理论上和司法实践中认识上的不统一和不确定性。

技术措施是以“全有”或“全无”、“非此即彼”的方式来控制消费者对作品的访问、阅读或使用的，技术措施的保护等于完全关闭了合理使用的大门，不合理地扩大了版权人权益的范围，不正当地侵害了社会公众的利益。❶

技术措施根本不会区分消费者究竟是出于何种目的而使用作品，是合理使用还是侵权使用，会不加区分地拦截所有未经许可的使用行为，这样一来，合理使用制度的限权以及阻却效果便难以发挥作用。可以说，数字时代的合理使用制度在技术措施反规避保护规则的夹缝中，已经难以存活。

合理使用是指在法律规定的条件下，无须征得著作权人同意，也不用支付报酬而使用他人享有著作权的作品的行为；是一种基于正当理由的合法行为。我国《著作权法》（2010 年修正版）列举了 12 种合理使用的情形❷。但技术措施的加入，却打破了在著作权人与社会公众之间建立起来的平衡。

合理使用的主要作用是作为涉及复制权等专用权的侵权抗辩，而合理

---

❶ 李杨. 技术措施权及其反思［J］. 网络法律评论，2002（2）：3－20.

❷ 我国《著作权法》第 22 条规定：“在下列情况下使用作品，可以不经著作权人许可，不向其支付报酬，但应当指明作者姓名、作品名称，并且不得侵犯著作权人依照本法享有的其他权利：（一）为个人学习、研究或者欣赏，使用他人已经发表的作品；（二）为介绍、评论某一作品或者说明某一问题，在作品中适当引用他人已经发表的作品；（三）为报道时事新闻，在报纸、期刊、广播电台、电视台等媒体中不可避免地再现或者引用已经发表的作品；（四）报纸、期刊、广播电台、电视台等媒体刊登或者播放其他报纸、期刊、广播电台、电视台等媒体已经发表的关于政治、经济、宗教问题的时事性文章，但作者声明不许刊登、播放的除外；（五）报纸、期刊、广播电台、电视台等媒体刊登或者播放在公众集会上发表的讲话，但作者声明不许刊登、播放的除外；（六）为学校课堂教学或者科学研究，翻译或者少量复制已经发表的作品，供教学或者科研人员使用，但不得出版发行；（七）国家机关为执行公务在合理范围内使用已经发表的作品；（八）图书馆、档案馆、纪念馆、博物馆、美术馆等为陈列或者保存版本的需要，复制本馆收藏的作品；（九）免费表演已经发表的作品，该表演未向公众收取费用，也未向表演者支付报酬；（十）对设置或者陈列在室外公共场所的艺术作品进行临摹、绘画、摄影、录像；（十一）将中国公民、法人或者其他组织已经发表的以汉语言文字创作的作品翻译成少数民族语言文字作品在国内出版发行；（十二）将已经发表的作品改成盲文出版。前款规定适用于对出版者、表演者、录音录像制作者、广播电台、电视台的权利的限制。”

使用的前提是合法取得作品的复制件，易言之，那些控制访问的技术措施并不太会直接妨碍或影响消费者的合理使用。从各国发生的案例看，主要是控制使用的技术措施加上法律的反规避保护规则（包括对提供规避设备和规避服务的禁止）对消费者的合理使用造成了极大的限制，因此，消费者抵制和抗议运动屡见不鲜。如发生在法国的“《穆赫兰道》案”❶和“UFC Que Choisir 等诉 Fnac Paris 和华纳唱片公司案”❷、发生在比利时的“Test Achats 诉 EMI 唱片公司案”❸，还有美国的“Real Network 诉 DVD Copy Control Association 案”❹等。

上述案件主要是因为电影公司、唱片公司在发行的电影 DVD 或音乐 CD 中安装了用于保护版权的技术措施，使消费者在购买后却意外发现无法对包含的作品内容进行拷贝，遂联系消费者权益保护组织向法院起诉以维权。从这些案件来看，消费者即使通过购买行为合法获得了作品的复制件，却仍然无法正常地对其进行可期待的合理范围内的使用，如将 CD 里的音乐拷贝到电脑上欣赏，已经实际上从技术上剥夺了他们的合理使用权益，使原本属于合理使用的使用方式成为不可能，根源即是相关技术措施的存在，有些技术措施造成的限制甚至并未向消费者提前披露或告知。

如今，技术措施对社会公众合理使用的妨碍和影响已成为既定事实。在法律确认对技术措施的反规避保护后，“技术 + 法律”的模式使著作权人权利不断扩张，合理使用的范围不断缩小。一旦作品或产品被采用技术措施，不论是否“合理”使用，均被挡在门外，著作权人将作品严格控制于手中，社会公众即使想基于个人学习、研究目的正常使用作品也须经过授权，需要跨越技术措施所设的障碍。这显然大肆挤压了社会公众的合理使用空间。

---

❶ Association U. F. C. Que Choisir v. Société Universal Pictures Vidéo France, Films Alain Sarde, Studio Canal and Syndicat del' Edition Vidéo, Court of Appeal Paris, 06/07506 (4 April, 2007).

❷ UFC Que Choisir & Mr. X v. Fnac Paris & Music Warner, Court of Appeal Paris (20 June 2007).

❸ Test Achats v. EMI Recorded Music Belgium et al., Brussels Court of Appeal, 2004/AR/1649 (9 September 2005).

❹ Real Networks, Inc. v. DVD Copy Control Association, 641 F. Supp. 2d 913, 927 – 928 (N. D. Cal. 2009).

技术措施一方面过滤掉了非法使用行为，保护了对作品的权益；但另一方面也过滤掉了法律允许的“合理使用”行为，使合理使用也要付费，这会导致“合理使用行为”直接成为技术措施法律保护的牺牲品，必然对社会公众的利益造成巨大冲击。如此一来，绝大多数作品的使用者在需要实施合理使用行为时，由于缺乏规避技术和能力，又不能使用辅助设备（规避设备），对技术措施只能望而却步。而法律对提供规避行为的禁止，又进一步造成社会公众（包括消费者）进行合理使用的工具性困难。❶

二、对信息公平的损害

（一）信息与信息公平

信息是一种资源，更是一种利益，社会公众对信息资源有着巨大需求，信息资源的配置需要以公平正义的价值基础来引导，而信息公平的实现有赖于利益平衡机制发挥作用。

利益平衡是衡量知识产权法律制度健康发展的重要标准，当著作权人的私人利益与社会公众利益之间不能实现较好的平衡时，知识产权法律制度就偏离了正常的轨道，可能会沦为某个群体或相关利益集团扩张势力范围的工具，而社会公众的利益将无法保障。因此，笔者倡导，在技术措施制度的完善过程中也应坚守利益平衡原则。

现代社会已进入高度信息化的阶段——信息社会。在信息社会中，“物质、能源与信息已成为社会发展的三大资源”❷。信息不仅是一种资源，更是一种关乎人类生存与发展的基本利益，它能与权利、机会、收入、福利和自由等一些公认的基本利益相提并论。因为其对人类计划的实现具有关键价值。

❶ 吴文平，李长友．版权技术措施保护中合理使用制度的完善［J］．电子知识产权，2011（11）.

❷ 郑万青．全球化条件下的知识产权与人权［M］．北京：知识产权出版社，2006：191.

按照联合国1946年第59号决议，信息自由被定义为“一项基本人权”。[1] 信息自由权应当被确立为宪法上的基本权利，即所有公民都享有接触、获取和使用与他人相同且最广泛的信息的权利，并不受他人无端干涉。

作为一种基本利益和重要的社会资源，信息的作用是举足轻重的。然而，因不同个体或不同群体信息获取能力及使用能力上的差异，信息资源的分配一直处于不平衡状态。从某种程度上说，信息资源分配的不平衡是正常现象，但此种不平衡应维持在可容忍的范围内，或者说，此种不平衡应当有正当理由的支持，否则，不平衡可能就演变成不公平了。

实践证明，信息的不平等或不平衡分配具有一定的激励作用，是以一种签订社会契约的方式赋予有创造力的人一定期间内的合法垄断信息、实现经济价值的权利，从而鼓励更多人投身于创造更多有价值的信息资源的浪潮中去。但是，这种不平等必须合乎“最少受惠者”的最大利益，且不得破坏社会公众获取信息资源公正、平等的机会。因此，信息公平的主要内涵是信息资源配置的公平；而信息资源配置是否公平，主要看人们对信息资源的获取机会是否平等。[2]

在与技术措施保护有关的法律制度设计中，绝不能以牺牲信息自由和机会平等来换取所谓的经济上的利益。虽然差别原则为了实现更大的经济效益允许信息在对不同主体间分配时存在合理差异，但这种差异不能逾越信息自由和机会平等的界限，否则就是不合理、不公平的。

（二）技术措施造成的信息资源分配失衡

技术措施相关制度使传统版权法所维系的利益平衡面临着崩塌的危险。版权人的权利大幅扩张，社会公众接触、获取及使用信息资源的空间却在萎缩，“我们能够交换、获得及讨论信息的利益就受到干预，而公众交换、传播和交流是民主发展的根本之路。如果社会把信息产品的定价权

---

❶ 郑万青．知识产权与信息自由权——一种全球治理的视角［J］．知识产权，2006（5）：20－25.

❷ 刘鑫．信息公平：概念、意义与原则［J］．图书馆学刊，2006（5）：41－42.

赋予知识产权权利人，那么赋予得越多，公民获得的信息就越有限”。[1]

1. 技术措施实施者对信息资源的控制和垄断

在技术和法律的双重防护下，技术措施实施者在信息市场发起了一轮又一轮“圈地运动”，他们和社会公众抢夺信息资源，尤其是在取得对某些重要信息的控制或垄断后，通过控制公众对这些信息的获取和利用，要求公众支付相应对价。“圈地运动”已将控制之手伸向了部分已进入公有领域的作品，甚至将不构成作品的信息资源如数据、公知信息等，给其加上了技术措施的“锁”。实践中，技术措施实施者有将一些特定领域的信息输入数据库并进行加密，据为己有，从而形成对这些信息资源的锁定和控制。技术措施发展到极端状态，将使互联网变成一部巨大的收费机器，社会公众对作品的任何使用都须以付费为前提，具体条件由技术措施实施者说了算。

2. 社会公众获取和使用信息资源的利益受损

无论是控制访问的技术措施还是控制使用的技术措施，都将对社会公众的信息自由和信息公平产生不利影响。控制访问的技术措施相当于一道屏障，阻碍了社会公众对信息（包括作品）的接触和访问，这些信息中既有受著作权法保护的作品，也有不该被纳入但却被强占的作品或其他材料；当被锁定的信息资源的范围越来越广时，社会公众获取、使用信息的自由也将受到越来越多的限制。控制使用的技术措施，也将极大地限制公众使用、传输和共享信息资源的自由和机会，包括各种合理使用情形、使用期限、使用方式等方面的禁止或限制，如复制、下载、打印、播放、缓存、共享、编辑等。

技术措施的广泛应用、不当使用或滥用，造成信息资源分配上的失衡，还使著作权法一直致力于维持的利益平衡摇摇欲坠。

三、对言论自由等其他方面的消极影响

任何公民都享有对政治、社会中的任何问题表达自己思想和见解的权

[1] 彼得·达沃豪斯，等．信息封建主义［M］．刘雪涛，译，北京：知识产权出版社，2005：3－4．

利。言论是公民表达意愿、交流思想和传播信息的必要手段和基本工具，也是形成人民意志的基础，因此言论自由在公民的各项政治自由中居于首要地位。

美国、德国等多个国家都发生过与言论自由议题密切相关的涉嫌规避、破解技术措施的违法行为的案例。一个典型案例是德国的 BGM Recods and others v. Heise Zeitschriften Verlag 案。在该案中，被告是一家网络新闻服务商，其在网站上发布了一篇关于 Slysoft 销售的“anyDVD”软件的文章。文章中提供的知识和信息可以实现对 DVD 技术中施加的防复制技术措施的破解，同时，在这篇文章中被告还提供了一个链接，可以直接连接到 Slysoft 的网站，读者能够在 Slysoft 的网站上找到并下载该软件。原告为此起诉被告，要求法院判决对被告发表的文章和文章中的链接都实施禁令。后来法院的判决结果是，支持原告对文章中的链接实施禁令的请求，但没有支持其对该篇文章实施禁令的请求。双方均对一审判决表示不服并提起上诉。该案二审判决维持了一审判决结果。二审法院的判决理由是：该文章的主要作用是对某一事实或新闻报道的说明，并不是对“anyDVD”软件的广告或宣传，所以判决没有支持对该文章实施禁令的诉讼请求，但对于文章中的链接，因为其有助长他人下载、使用、散布相关非法软件的可能性，所以对链接内容实施了禁令，支持了原告的请求。

美国的典型案例也反映了言论自由与技术措施反规避保护之间的紧张关系。大致案情是一名教授和他的学生在打算公开发表自己学术研究的最新成果时，被指违反了美国 DMCA 第 1201 条对技术措施的保护，因为在该研究成果的内容涉及揭露某公司的产品所存在的安全漏洞和薄弱环节，原告认为这样的成果一旦公开发表，相当于将上述漏洞公开向社会公众揭示，会导致各种严重的规避、破解行为的发生。在收到相关被指控的通知后，被告以及从事研究的相关领域的专家纷纷感到震惊、不解甚至惶惶不安，感觉到了前所未有的压力，他们十分担心在参加相关学术会议、学术活动时所作的演讲或发言、公开发表研究成果等行为，是否会让自己陷入违反 DMCA 第 1201 条的法律风险中。

尽管专家学者们对研究成果的发布或发表、普通公众在网络或论坛中公开谈论与技术措施相关的内容，并不是出于商业经营的目的，但其直接披露规避或破解技术措施的相关信息或方法，或者为人们规避技术措施提供信息、渠道、工具或帮助，上述行为也大致相当于免费提供规避方法。严格地讲，即使是在不以商业目的为前提的情况下，似乎也构成准备行为（间接规避行为）了。

技术措施的过度保护还可能影响技术进步与发展。反向工程涉及的规避或破解行为就是一个典型例子。对软件而言，“反向工程”一般是指分析软件的结构、模块和技术功能，其中往往还涉及从目标代码分析出其源代码。目标代码是由 0 和 1 组成，而源代码是由程序员能理解的高级语言编写而成。进行“反向工程”既可能涉及，也可能不涉及对“技术措施”的规避行为。例如，某程序员从网上下载了一款软件，但其未购买序列号（一种“控制访问的技术措施”），因而无法将该软件进行解压，进而运行。此时，若该程序员想要开发出一种能与该软件相兼容的软件，分析该软件中的接口模块，就需要先破解该序列号，则此时“反向工程”的实施是以规避技术措施为前提的。但若该程序员已经购买了序列号，就可以正常解压并运行该软件，那么此时的反向工程行为就无须以破解序列号这一控制访问的技术措施为前提步骤了。因此，从某种程度上讲，技术措施的保护与科技发展之间也存在冲突。正因为认识到了这一点，不少国家或地区在为技术措施提供保护的同时，已经将反向工程作为禁止规避技术措施的例外情形中的一个典型事由，即允许在反向工程中实施对技术措施的规避或破解。

第四节　抑制技术措施上述消极影响的总体思路

技术措施的广泛应用为著作权人和相关权利人带来了额外收益，但因其被过多使用、不当使用甚至滥用，加上法律对其规制、限制不足，在许多层面均产生意想不到的负面后果。因此，必须谨慎处理技术措施与广大消费者（包括软件或硬件的用户）、与社会公共利益之间的平衡关系。特别是要充分意识到并且高度警惕、关注技术措施反规避保护制度的扩大适用可能导致的危险，还有其对众多领域的不良影响，如残障人士对作品和其他信息的可及性、科技进步、网络安全、信息自由、信息公平、隐私保护、言论自由、合理使用空间的维护、公有领域的保留，等等。

因此，我们必须在法律层面，探讨出技术措施与消费者、使用人以及社会公众的利益平衡模式，必须找到调整与完善我国技术措施的反规避保护法律制度的正确方向，以及具体、有效的方案。

在法律层面，利益平衡是指“通过法律的权威来协调各方面冲突因素，使相关各方的利益在共存和相容的基础上达到合理的优化状态”❶。纵观知识产权法的发展历史，我们就会发现，利益平衡原则在知识产权法中的重要性尤为突出。“正是因为知识产权客体即知识产品具有私人产品和公共产品双重属性，利益平衡机制在知识产权法中尤为重要，整个知识产权法在价值构造上表现为一系列的平衡模式和与此相适应的制度安排”，甚至可以说，“利益平衡堪称现代知识产权法的基本理念，是知识产权法追求的重要目标，它贯彻于知识产权法的产生、发展的全过程”❷。

在著作权法中，立法者早已作出合理使用、法定许可等限制或例外的制度性安排，目的是在激励作者创作与保护社会公众获取信息的自由之间建立起一种精妙的平衡，然而，技术措施的出现使技术措施实施者的权利急剧膨胀，原先的利益分配的天平发生了倾斜。

为了将两者的利益重新放回平衡的轨道上去，我们必须尽快行动起来，首先在追溯技术措施法律保护制度确立过程的基础上，探究著作权法保护它的“初心”——原始动机和目的，还原技术措施的本来面目，剖析其本质，再构筑新的利益平衡体系，尤其是着重强调对技术措施保护条件和保护水平的严格审核，梳理清楚技术措施保护与合理使用之间的关系，着力加强和拓展技术措施保护的限制与例外机制，增设技术措施实施者的法律义务和相关责任等重要制度。

---

❶ 陶鑫良，袁真富．知识产权法总论［M］．北京：知识产权出版社，2005：17－18.

❷ 冯晓青．知识产权法的价值构造：知识产权法利益平衡机制研究［J］．中国法学，2007（1）：67－77.

一、还原技术措施的本来面目

我们首先需要摆正技术措施在著作权法中的位置，找到正确的定位和合适的名分，既不至于全盘否定其存在的价值和意义，也绝不夸大其地位。

（一）技术措施的法律性质辨析

对于技术措施的法律性质，学界观点不一，主要疑问在于：技术措施的反规避保护是否创设了一项新的权利？对于这一问题，有学者认为技术措施是受著作权法保护的权利的客体，至于其具体指向何种权利，又有多种意见，典型学说有“技术措施权”说、“版权中的经济权利”说、“特殊权利”说、“禁止权利”说等。值得一提的是，持“技术措施权”说者认为，“技术措施权已经成为著作权人一种法定的权利”，实质是借用有形财产权的方法保护无形财产权。[1]

而相反的观点认为，技术措施并非法律创设的一种新型权利，它只是著作权人的私力救济手段。有人说，“当我们把技术措施理解为一种‘方案’时，技术措施在物理上已经不可能被侵犯。这种无体的‘方案’除了作为技术秘密享有事实上的保护外，要想获得专利就只有一种途径，即申请专利。所以《著作权法》中不应当存在所谓‘技术措施权’”[2]。

将上述两种观点进行比较，笔者更赞同最后一种观点。笔者认为，虽然著作权法为技术措施提供了反规避保护，但这并不意味着创设了一项新的权利。主要原因在于：其一，对技术措施的保护完全是出于保护著作权的迫切需要；其二，技术措施不能单独使用，而是与被保护的著作权的客体密不可分，甚至两者融为一体，技术措施一般不具备单独成为一项权利客体的资格；其三，技术措施是著作权人的私力救济手段，是实施者主动采用的，主要用于控制其他人接触、访问或使用作品或其他客体的具备有

---

[1] 李扬．简论技术措施和著作权的关系［J］．电子知识产权，2003（9）：12－14.

[2] 郭禾．规避技术措施行为的法律属性辨析［J］．电子知识产权，2004（10）：11－17.

效性的工具和利器。当然，此种私力救济手段是否具备法律意义上的“正当性”，则要结合该技术措施的目的、方式、手段和尺度等具体情况来进行分析。

（二）技术措施的定位

现在是时候该摆正技术措施实施者的心态了。技术措施的正确定位应当是，其保护目的“在于形成一道墙，借以保护作为核心的作品，而不是另一个独占。在墙与核心之间，仍然是作品使用者得以合理利用的范围，并不构成所谓的著作权的侵害”[1]。

也就是说，技术措施的存在是为保护著作权而服务的，在法律意义上，它本身并不具备单独存在的价值和意义。技术措施，仅仅只能也只应被视为一项工具而非权利。作为工具，技术措施自然是不能脱离著作权这一基础而独立存在的；而且，对技术措施的反规避保护也不应当超过法律赋予著作权的保护范围和强度。在经济学的“激励理论”等学说的鼓动下，为追求更高的社会经济效益，法律上对技术措施的反规避保护逐渐变成技术措施身上披着的“权利外衣”，使其看起来更像一种权利了。而这正是著作权人权利过分扩张侵害社会公众利益的危险信号，故而不能再任其自我膨胀。

我们必须摆正技术措施在法律中的正确定位，明确其作为工具和私力救济手段的本质特点，在保护的同时给予相应的制约。当技术措施意欲超越法律赋予著作权人的权利范围和强度、侵害消费者的合法权益、挤占社会公众的合理使用空间、损害社会公众的信息自由时，法律就应鲜明地亮出“红灯”警示，禁止技术措施非法闯入他人权益的专属领地。

二、有效遏制技术措施之“恶”的总体思路

在认清技术措施的工具性本质后，调整、修改及完善我国技术措施反

[1] 谢英士. 谁取走我的奶酪？——从公法的视角谈著作权法上的技术保护措施［A］//张平. 网络法律评论（第9卷）北京：法律出版社，2008：140－151.

规避保护法律制度的总体思路和方向就逐渐清晰了。在技术措施实施者已经占据技术优势和市场优势地位，而社会公众处于弱势地位的情况下，法律应当首先切实保障消费者的合法权益和社会公众获取、利用信息的自由、平等机会，并对技术措施的实施与应用予以有效约束和限制，其次才是为激励著作权人的创作热情，适当兼顾技术措施实施者的相关权益。

（一）从严设定和把握技术措施反规避保护的条件

立法上，须提高法律对技术措施予以保护的门槛。司法实践中，须严格审查技术措施是否具备前文所述的若干要件，如主体要件、目的要件、有效性要件和对象要件等。例如，技术措施的实施对象必须是作品或录音录像制品等著作权和邻接权的保护客体；若被运用于已进入公有领域的作品、不构成作品的材料或是不受著作权法保护的材料之上，此类技术措施也将不能享受法律保护。又如，受保护的技术措施还应当是防御性的，法律不保护具有攻击性的技术措施。

通过对技术措施保护条件的严格限定和把握，将那些不应得到法律保护的技术措施排除在外。同时，也要对涉嫌滥用技术措施的行为保持警惕，防止有人借技术措施之名、行非法目的之实。唯有如此，才能真正有效地确保技术措施相关制度的设计及其反规避保护不偏离原来的立法目的。

（二）合理确定对技术措施的反规避保护范围、水平和程度

首先，不是所有种类的技术措施都应得到法律的同等保护，也不是在任何情况下都应给予保护。控制访问的技术措施与控制使用的技术措施，两者的保护对象及保护对象背后的利益大不相同。我国应当对这两种技术措施的影响范围和影响程度进行调研、评估，之后再有针对性地给予法律的相应保护。

其次，也不是所有种类、情形的对技术措施的规避或破解行为，都应遭到法律的禁止，都被认定为构成违法或侵权；退一步说，即使某种规避行为应当一般性地为法律所禁止，也要综合考虑各种因素及其具体场合，

考察具体的规避方式、规避目的或原因、其后是否有传统的著作权侵权行为、与其后的著作权侵权行为之间是否有因果关系，是否具备禁止规避技术措施的例外情形，等等，方能得出较为合理的结论。

由上观之，法律对规避行为——包括直接规避行为与准备行为的评价，无论是规避行为构成侵权行为的构成要件，还是直接规避行为与合理使用制度的协调与对接，还是直接规避行为与准备行为之间的关联度及关系，均不是我们所预想的那么简单。相关的理论研究和实际调研尚需进一步深入，以便为之后我国的具体的立法完善方案提供坚实、充分的储备。

当然，部分国家或地区的相关立法也为我国立法提供了些许参考，尽管是有限的参考。

以美国为例。从美国 DMCA 的第 1201 条（a）（1）、1201 条（a）（2）和 1201 条（b）等条款的相关规定来看：对于控制访问的技术措施，既禁止直接规避行为，又禁止“制造、进口或销售规避装置或设备、提供规避服务”等准备行为；但对控制使用（即保护权利）的技术措施，则仅仅禁止准备行为，不禁止直接规避行为。若与美国相比较，我国法律在未明确区分技术措施种类的情况下，只笼统地规定要禁止直接规避行为——显然也包括了对控制使用的技术措施的直接规避行为的禁止——这就使得技术措施被保护的范围过于宽泛了，导致了偏离正义性和合理性的后果。

再以日本、新加坡为例。日本著作权法不仅没有禁止对两种技术措施的直接规避行为，甚至不保护控制访问（接触）的技术措施。这样的保护范围和水平是适中的。新加坡的相关规定则颇具特色，新加坡的著作权法对不同种类的技术措施作了区别性对待，并且还分别针对直接规避行为和准备行为（规避设备和规避服务的提供）规定了若干种不同的限制与例外情形，允许在这些特定情形下实施规避行为或者提供规避设备、规避服务。

笔者认为，明令禁止提供规避设备和规避服务，是较多国家或地区所采取的普遍性做法，鲜少见到法律对其“法外开恩”，更不用说会明确列举若干允许提供的例外情形了，这类行为向来被认为是技术措施领域的重点打击对象。因此可以说，新加坡专门为禁止提供规避设备和规避服务之规则明确设定例外情形，还针对不同规避行为分别规定相应的例外情形，实属难能可贵，这也体现了法律、政策的区别性考量，也许更符合其本国实际情况的需要。

（三）切实加强对消费者权益的保护

如前所述，在现今巨大的数字产品（含作品）和娱乐市场，首要受到技术措施影响最深的主体，要数那些购买了数字产品（作品）或服务的消费者，包括软件、计算机系统和网络游戏的用户。若不采取措施切实保障消费者的知情权、隐私权和选择自由等，消费者的处境恐怕难以在短期内得到根本性的好转。

要缓解技术措施的负外部性对消费者权益的侵害，我们可以考虑借助一定的、适当的经济手段对技术措施的负外部性加以控制，但更重要、更有效的手段还是法律手段，通过对法律制度的变革，尤其是消费者权益保护法、著作权法、反不正当竞争法、反垄断法等，切实全面加强对消费者权益的保护，为技术措施实施者施加明确的、与其权利相对等的法定义务和责任，并对技术措施的实施行为进行有力的规制，尤其是要预防各种滥用技术措施的行为。

其一，以技术措施受保护的目的要件为标准，对技术措施实行“一票否决制”。坚决制止、禁止对技术措施的不当利用，即滥用，凡是并非出于保护著作权的目的而实施的技术措施，包括以实现捆绑销售、限制兼容性、区域控制、限制交易、损害竞争、垄断市场、锁定消费者、市场划分或价格歧视等为目的而采用的技术措施，著作权法均不予保护。同时，技术措施反规避保护的范围，也不能超出著作权法赋予著作权人和其他权利人的权利范围。

其二，尽力拓展消费者以及普通社会公众在禁止规避技术措施方面的例外情形的范围。至少，当消费者遭遇技术措施限制导致的自身权益受损时，比如发现技术措施的采用导致个人信息（含隐私）在未经许可的情况下被收集、泄露等，或者又如，相关技术措施本身有悖于对未成年人权益的保护时，应当允许消费者为了隐私或个人信息保护或者未成年人权益保护的目的而实施规避行为。

其三，增加技术措施实施者的法定义务和法律责任等内容。为防止技术措施实施者滥用技术措施这一工具和私力救济手段，侵害消费者权益、垄断信息市场、阻碍信息自由，应当在法律上明确规定，著作权人在享受法律对技术措施的反规避保护的同时，也须承担相应的法定义务并对相关后果承担法律责任。在技术措施实施者应承担的法律义务中，与技术措施相关的信息披露义务（如标识、警示、通知或告知义务）是至关重要的，因为事关消费者的知情权、选择自由权、隐私权等，关系到消费者的交易目的能否最终实现，有意购买的产品或设备的使用功能等是否能符合消费者的心理预期或者合理期待。技术措施的实施者还应承担保证消费者信息网络安全不受威胁或破坏以及不受攻击性技术措施侵害等义务。

技术措施实施者或采用者的信息披露义务的作用举足轻重，但目前我国法律法规并无明确规定，因此相关内容急需增补。日后在相关立法中，建议我国对信息披露义务的主体、披露对象、具体的披露内容和披露方式、造成消费者损害后的救济方式和法律责任等方面的内容，均作出明确规定。此外，与技术措施保护期限相关的标识、到期后主动去除技术措施（“解锁”）等义务，也值得深入探讨和研究，等到时机成熟后再适时地纳入法律中。

（四）明确规定技术措施保护与合理使用制度之间的关系

技术措施对社会公共利益造成的直接损害主要体现于其与公有领域以及合理使用之间的冲突。有效解决其冲突，是确保社会公众信息自由和信息公平的关键点所在。

为了保障社会公众的信息自由，可以考虑从以下三个方面着手。

首先，应当在立法中完善技术制度保护的相关配套制度，尤其是增设各种必要的例外、限制规则和例外情形，使例外与限制能涵盖的范围（也即社会公众能被惠及的范围）尽可能扩大，最好能为合理使用制度的具体落实提供好用、可行的“保护伞”。

若从逻辑上推导，技术措施保护与著作权保护两者之间应当是表与里的关系。换句话说，对技术措施的保护根本不具有独立存在的价值，而是属于保护著作权及相关权的附属品和副产品，处于附属地位。因此，传统的著作权法中对著作权人的限制与例外制度之相关规定也应当同样适用于技术措施的实施者，如此便能保障社会公众利益免受技术措施保护制度的不当干涉与妨害，保障他们在技术措施被大量采用的情况下不至于丧失接触、访问和使用信息的公正、平等的机会。

由上可以推导出，包括合理使用制度在内的例外与限制性规定应当可以成为技术措施反规避保护的一类例外情形，如此一来，在符合合理使用的法定条件的情况下，使用人为了合理使用的目的可以规避技术措施而不受法律的责难。然而现实情况却是，目前，我国法律仅仅明确规定了对技术措施规避行为的一般性禁止，以及极少的几项允许规避技术措施的情形，给人的直观感受是，法律一般都禁止规避技术措施，除非构成法定的那几种例外情况。可见，我国的相关法律规定尚需修改、调整和完善，建议清晰地阐明合理使用制度与技术措施保护之间的关系，出于合理使用目的规避技术措施的，是否构成反规避保护的例外情形。

其次，为增进社会公共福利而增设禁止规避的例外情形。我们可以考虑从总体上增强广大社会公众接触、获取和使用信息的能力，充分发挥非营利性机构，如图书馆（包括数字图书馆）的各种公共职能，提高图书馆向公众提供信息资源的能力。有些国家已经专门为图书馆等馆藏机构为实现特定目的（一般是社会公共利益的需要）的规避行为设置了豁免。笔者认为，我国也可以考虑为非营利性的图书馆等馆藏机构在已购买相关作品的纸质版或电子版的基础上，为其因社会公共利益需要而获取、下载、数字化或复制作品从而规避技术措施的行为开设“绿色通道”，对其特定条件下的规避行为予以豁免，成为新增的一类禁止规避的例外情形。

最后，对技术措施实施者的利益，我们应适度保护、适当兼顾。在当前技术措施实施者相对强势，广大消费者、社会公众（包括阅读障碍者等特殊群体）相对弱势，天平的两边已呈现出利益失衡的情况下，我们应当侧重维护消费者权益和社会公众利益，增强这些弱势群体的维权能力，增设技术措施实施者的法律义务和相关责任，同时适当兼顾技术措施实施者的合法应得权益。

总之，确保消费者和普通社会公众的合法、正当权益，保障社会公众的信息自由和获取、利用信息的公正、平等机会是第一位的；而法律对技术措施的适度保护也有其必要性和合理性，但是这一点位于次要地位，唯有如此，才能重新构建起利益平衡的良性模式。

第四章 禁止规避技术措施的例外与限制

第一节 我国关于禁止规避技术措施的限制与例外规定的不足

如前所述，根据我国现行法规定，仅在4种例外情形下可以规避或破解技术措施，一边是极其有限的禁止规避的例外情形，另一边是技术措施对消费者权益以及普通社会公众利益的巨大“杀伤力”，现有法律对技术措施的规制显然是远远不够的，法律关于禁止规避的限制与例外情形的规定实在太少了，明显不足。

一、我国规定禁止规避的限制与例外明显不足以遏制技术措施的负面影响

（一）法律规定的禁止规避的法定“限制与例外”情形十分有限

事实上，回顾一下我国《著作权法》的立法历史，通过法律明确规定禁止规避技术措施的例外情形，2020年11月11日通过的《著作权法》[1]是首次在法律上的体现，在历史上具有里程碑的重大意义。

---

[1] 我国最新修正的《著作权法》已于2021年6月1日起施行，因此是现行有效的《著作权法》。

在现行《著作权法》中，禁止规避技术措施的例外情形有5种，其规定与修正讨论过程中“修正案草案”的规定有些许差异。现行《著作权法》第50条规定：“下列情形可以避开技术措施，但不得向他人提供避开技术措施的技术、装置或者部件，不得侵犯权利人依法享有的其他权利：（一）为学校课堂教学或者科学研究，提供少量已经发表的作品，供教学或者科研人员使用，而该作品无法通过正常途径获取；（二）不以营利为目的，以阅读障碍者能够感知的无障碍方式向其提供已经发表的作品，而该作品无法通过正常途径获取；（三）国家机关依照行政、监察、司法程序执行公务；（四）对计算机及其系统或者网络的安全性能进行测试；（五）进行加密研究或者计算机软件反向工程研究。前款规定适用于对与著作权有关的权利的限制。”

可见，相关主体仅在上述5种情形下才被允许“合法地”规避技术措施。相较之下，在禁止规避技术措施的限制与例外情形方面，我国规定的情形比部分其他国家或地区[1]要少，而且某些情形的规定比较笼统，相关适用条件和实施主体尚不太具体明确，须进一步细化，以增强实践中的可操作性。

而回溯我国著作权法的立法及法律修正过程，关于规避技术措施例外的具体情形，颇值回味。在现行《著作权法》通过之前，我国法律法规对规避之例外的体现，仅在《信息网络传播权保护条例》中，该条例以列举方式规定了4种情形，而且仅限于网络环境中[2]。在最新一轮的著作权法修正过程中，2014年6月6日国务院法制办公室公布的《中华人民共和国著作权法（修订草案送审稿）》［以下简称《著作权法（修订草案送审稿）》］将《信息网络传播权保护条例》中对技术措施的例外规定整体移入

[1] 关于部分其他国家或地区的限制与例外情形，本章后面部分将进行详细介绍。

[2] 我国《信息网络传播权保护条例》第12条规定：“属于下列情形的，可以避开技术措施，但不得向他人提供避开技术措施的技术、装置或者部件，不得侵犯权利人依法享有的其他权利：（一）为学校课堂教学或者科学研究，通过信息网络向少数教学、科研人员提供已经发表的作品、表演、录音录像制品，而该作品、表演、录音录像制品只能通过信息网络获取；（二）不以营利为目的，通过信息网络以盲人能够感知的独特方式向盲人提供已经发表的文字作品，而该作品只能通过信息网络获取；（三）国家机关依照行政、司法程序执行公务；（四）在信息网络上对计算机及其系统或者网络的安全性能进行测试。”

上述“修订草案送审稿”的第六章——“技术保护措施和权利管理信息”中的第71条，并增加了“进行加密研究或者计算机程序反向工程研究”这一例外情形❶。在2020年4月30日我国公布的著作权法“修正案草案”中，有5种情形被列为禁止规避技术措施的例外❷，虽然也是5种例外情形，但在具体的文字表述方面，与现行《著作权法》的例外规定有区别。

（二）合理使用抗辩与限制、例外二者之间的关系有待明确

我国《著作权法》（2010年版）规定了12种合理使用的具体情形以及5种法定许可❸的情形，现行《著作权法》则在第24条、第25条❹等条款中规定了13种合理使用的情形及少数几种法定许可情形，那么，我们能否对合理使用抗辩与禁止规避技术措施的例外两者的关系进行如下解释或

---

❶ 我国《著作权法（修订草案送审稿）》第71条规定：“下列情形可以避开技术保护措施，但不得向他人提供避开技术保护措施的技术、装置或者部件，不得侵犯权利人依法享有的其他权利：（一）为学校课堂教学或者科学研究，向少数教学、科研人员提供已经发表的作品、表演、录音制品或者广播电视节目，而该作品、表演、录音制品或者广播电视节目无法通过正常途径获取；（二）不以营利为目的，以盲人能够感知的独特方式向盲人提供已经发表的作品，而该作品无法通过正常途径获取；（三）国家机关依照行政、司法程序执行公务；（四）具有安全测试资质的机构对计算机及其系统或者网络的安全性能进行测试；（五）进行加密研究或者计算机程序反向工程研究。”

❷ 在该“修正案草案”中，第48条的规定如下：“下列情形可以避开技术措施，但不得向他人提供避开技术措施的技术、装置或者部件，不得侵犯权利人依法享有的其他权利：（一）为学校课堂教学或者科学研究，向少数教学、科研人员提供已经发表的作品、版式设计、表演、录音录像制品或者广播电台、电视台播放的载有节目的信号，而该作品、版式设计、表演、录音录像制品或者广播电台、电视台播放的载有节目的信号无法通过正常途径获取；（二）不以营利为目的，以阅读障碍者能够感知的独特方式向其提供已经发表的作品，而该作品无法通过正常途径获取；（三）国家机关依照行政、司法程序执行公务；（四）对计算机及其系统或者网络的安全性能进行测试；（五）进行加密研究或者计算机软件反向工程研究。”

❸ 也可将第三种和第四种合并视为一种，这样，我国《著作权法》中就只有4种“法定许可”了，参见王迁. 知识产权法教程［M］. 5版. 北京：中国人民大学出版社，2016：238.

❹ 现行《著作权法》第24条规定：“在下列情况下使用作品，可以不经著作权人许可，不向其支付报酬，但应当指明作者姓名或者名称、作品名称，并且不得影响该作品的正常使用，也不得不合理地损害著作权人的合法权益：（一）为个人学习、研究或者欣赏，使用他人已经发表的作品；（二）为介绍、评论某一作品或者说明某一问题，在作品中适当引用他人已经发表的作品；（三）为报道新闻，在报纸、期刊、广播电台、电视台等媒体中不可避免地再现或者引用已经发表的作品；（四）报纸、期刊、广播电台、电视台等媒体刊登或者播放其他报纸、期刊、广播电台、电视台等媒体已经发表的关于政治、经济、宗教问题的时事性文章，但著作权人声明不许刊登、

理解：若目的是实现合理使用的目的，消费者（或用户）有权实施对技术措施的规避（或破解）等行为，或者，甚至为此目的而委托相关提供专业服务的主体帮助其实施此种规避（或破解）等行为，且被认定为合法行为呢？对这一问题的解答，悬而未决、尚存疑虑。

一方面，《著作权法》明确规定，除非法律另有明确规定，任何人（包括消费者）不能避开权利人为其作品、录音录像制品等采取的保护著作权或者与著作权有关的权利的技术措施；另一方面，从性质上说，合理使用❶等限制并非消费者的一种权利，而只能作为侵权的抗辩事由或者著作权法律保护的例外❷。因此，从直观上看，合理使用只能对著作权进行限制，而不能对技术措施加以限制，消费者并不能直接以合理使用为由去合法地规避技术措施，而技术措施的限制情形又远远少于合理使用的情形，

（接上页）播放的除外；（五）报纸、期刊、广播电台、电视台等媒体刊登或者播放在公众集会上发表的讲话，但作者声明不许刊登、播放的除外；（六）为学校课堂教学或者科学研究，改编、汇编、播放或者少量复制已经发表的作品，供教学或者科研人员使用，但不得出版发行；（七）国家机关为执行公务在合理范围内使用已经发表的作品；（八）图书馆、档案馆、纪念馆、博物馆、文化馆等为陈列或者保存版本的需要，复制本馆收藏的作品；（九）免费表演已经发表的作品，该表演未向公众收取费用，也未向表演者支付报酬且不以营利为目的；（十）对设置或者陈列在公共场所的艺术作品进行临摹、绘画、摄影、录像；（十一）将中国公民、法人或者非法人组织已经发表的以国家通用语言文字创作的作品翻译成少数民族语言文字作品在国内出版发行；（十二）以阅读障碍者能够感知的无障碍方式向其提供已经发表的作品；（十三）法律、行政法规规定的其他情形。前款规定适用于对与著作权有关的权利的限制。”

该法第25条规定：“为实施义务教育和国家教育规划而编写出版教科书，可以不经著作权人许可，在教科书中汇编已经发表的作品片段或者短小的文字作品、音乐作品或者单幅的美术作品、摄影作品、图形作品，但应当按照规定向著作权人支付报酬，指明作者姓名或者名称、作品名称，并且不得侵犯著作权人依照本法享有的其他权利。前款规定适用于对与著作权有关的权利的限制。”

❶ 我国对著作权的限制包括合理使用和法定许可，为论述方便，下文用“合理使用”来指代著作权的限制。

❷ 美国有学者认为，从合理使用的性质来看，合理使用并不能成为规避“接触控制措施”行为的免责事由。Wencke Basler. Technological protection measures in the United States，the European Union and Germany：how much fair use do we need in the “digital world”［J］. Va J. L. & Tech. 2003，13（8）：19.

这就使消费者的合理使用在技术措施面前变得有名无实。正如美国的亚历克斯·科金斯基（Alex Kozinski）法官在怀特诉三星电子美国公司（White v. Samsung Electronics America，Inc.）中曾对我们提出的警告性建议那样，“过度保护知识产权与不受保护一样有害”[1]。

自从美国著作权立法确认对技术措施的法律保护以来，有关合理使用与技术措施规避的限制、例外之间关系的争论就一直伴随左右。因此，除非立法或相关司法解释对合理使用与禁止规避技术措施的限制、例外二者间的关系予以明确化，否则此类争论或怀疑的声音在我国也将无法消除。

就我国现行法规定而言，现行《著作权法》第 24 条、第 25 条第 2 款的规定为“前款规定适用于对与著作权有关的权利的限制”，似乎 13 种合理使用情形和第 25 条第 1 款规定的法定许可情形等都应当既适用于对著作权的限制，也适用于对与著作权有关的权利（如邻接权）的限制，那么，法律对技术措施的反规避保护，是否属于“著作权”或者“与著作权有关的权利”呢？倘若是，那也应当适用于对技术措施法律保护的限制，如此一来，就能构成除《著作权法》第 50 条规定的 5 种例外情形之外的新例外情形了。

显然，如果是上述肯定式的答案，对消费者和广大的作品使用人而言是一种福音，这意味着他们能切实享受到更广泛的例外情形与合法规避技术措施的自由空间。然而，《著作权法》并未明确作出肯定式的回答。再加上即使我们在理论上完全能推出上述肯定式回答，即合理使用或/和法定许可的情形能构成禁止规避技术措施的新例外，其豁免范围是否能及于所有的规避行为，还是仅能及于直接规避行为（不包括制造规避设备、装置或提供规避服务），鉴于其牵涉的影响面甚广，笔者认为不宜轻率得出相关结论，而是有待法律给出进一步的明确答复。

事实上，针对禁止规避技术措施与合理使用制度之间的冲突问题，有部分学者撰文提出了对策建议，在此，仅以提供规避手段（服务）与合理使用之间的冲突与协调为例。有学者认为，《澳大利亚数字议程法案》规

[1] White，989 F. 2d at 1513（Kozinski，J.，dissenting）.

定的相关机制可供我国参考借鉴。[1] 首先，应明确禁止“向公众”提供规避手段，避免不特定用户的随意规避行为；其次，当因技术措施无法实现《著作权法》所规定的对作品的合理使用时，需要获得规避手段者应向有能力提供规避手段者作出书面声明——规避技术措施的唯一目的是实施《著作权法》允许的行为，而且不通过规避手段就无法实施；最后，对于为获得规避手段而作出虚假声明的行为，应认定为违法且追究其责任。如此便能兼顾合理使用的目的，适当允许提供规避手段的例外，维持利益平衡。

笔者认为，对技术措施规避手段（提供规避服务）的禁止，主要是考虑到向广泛公众普遍提供规避手段或服务的涉及面广、后果严重，是基于对大规模、大面积侵权行为蔓延的担忧，这一点与对制造、销售规避设备的禁止如出一辙。所以，《著作权法》将对规避手段（服务）的禁止置于较为绝对的、不可轻易突破的位置，《著作权法》第 50 条中相关表述——“下列情形可以避开技术措施，但不得向他人提供避开技术措施的技术、装置或者部件，不得侵犯权利人依法享有的其他权利”——即鲜明地体现了这一点。显然，该条款虽然规定了 5 种例外情形，但这些例外并不适用于“向他人提供避开技术措施的技术”的情形。

值得关注的是，我国于 2020 年 12 月 26 日通过了《中华人民共和国刑法修正案（十一）》，该修正案第 20 条对《刑法》第 217 条（“侵犯著作权罪”）作了重要修改，新增了第（六）项——对技术措施规避行为的定罪量刑问题。至此，对技术措施的规避行为被明确纳入我国侵犯著作权罪的刑事规制范围，结束了长久以来学界关于技术措施规避行为是否应当“入罪”及如何“入罪”的争议。笔者认为，与技术措施规避行为直接相关的刑事责任的新增立法规定，直接体现了对技术措施反规避法律保护的进一步加强，根据罪刑法定主义的要求，需要在刑事法律规范中明确、细致地列明刑事犯罪的各构成要件、刑事打击的范围，更有必要将合理使用与禁止规避的例外之间的关系、轻微侵权行为与严重侵

[1] 王迁. 技术措施保护与合理使用的冲突及法律对策［J］. 法学，2017（11）：25.

权行为的区分予以明确界定，举重以明轻，方能不枉不纵。可见，其重要意义不言而喻。

二、我国允许规避的行为方式之范围十分有限

我国现行《著作权法》第 50 条规定，“下列情形可以避开技术措施，但不得向他人提供避开技术措施的技术、装置或者部件，不得侵犯权利人依法享有的其他权利”。而且，《信息网络传播权保护条例》和著作权法“修订草案送审稿”也都规定，“可以避开技术保护措施，但不得向他人提供避开技术保护措施的技术、装置或者部件”。

以上规定表明，我国仅允许在例外情形下实施直接规避行为，但对间接规避行为（即准备行为）却采取绝对禁止的态度，在任何情况下都不允许提供规避技术、装置或部件，否则构成违法、侵权行为。

对于上述准备行为，法律法规是明令禁止的，而且不存在允许的情形，因为法律法规并未规定特定的例外情形；这就与法律对直接规避行为的态度形成鲜明对比，因为现行著作权法在规定对其“禁止”的同时，还保留了 5 种例外情形下的“允许”。

然而，现实情况表明，并不是每一个消费者或普通公众自身都具备规避技术措施所必要的技术能力，恰恰相反，绝大多数的消费者或普通公众根本无法为满足自身需求而轻易实现原本理所应当被视为数字产品（或服务）正常使用范围内的功能或效果，也没有相关的规避或破解能力。因此，在我国现行法的框架内，由于上述“禁止间接规避行为”的一般性规定的存在，消费者即使能享受法律法规规定的对于规避技术措施的豁免（限制与例外），最终会因自身能力的限制，仍然无法规避技术措施。这显然将导致直接规避技术措施的相关例外规定被架空❶。

---

❶ 梁程，张学军．数字版权技术措施法律保障现状与本土改良［J］．中国出版，2014（18）：41．

第二节　他山之石：国际公约和其他国家或地区对禁止规避技术措施的限制与例外的规定

事实上，对于禁止规避技术措施之限制与例外的规定，在一些国际条约或其他国家或地区的法律中也或多或少地得以体现，可能其所侧重的角度和具体内容有所不同。因此，国际条约和某些国家或地区的相关规定，自然有值得我国深入研究甚至可资借鉴的部分或成分。

下面，笔者将在对部分国际公约、主要国家或地区禁止规避技术措施限制与例外的立法规定进行介绍的基础上，提出若干完善我国禁止规避技术措施的限制与例外情形的建议。

一、部分国际公约或多边协定对技术措施反规避保护限制与例外的规定

在国际上，有三个条约或多边协定值得我们重视并加以研究，分别是：《视听表演北京条约》、《马拉喀什条约》和《美墨加贸易协定》。在众多国际条约中，《视听表演北京条约》和《马拉喀什条约》最具典型意义，他们对禁止规避技术措施的限制与例外等相关问题有专门性规定。

（一）《视听表演北京条约》[1] 中的规定

为了维持表演者对其视听表演的权利与广大公众的利益（尤其是教育、研究和获得信息的利益）之间的平衡，解决由经济、社会、文化和技术发展

[1] 《视听表演北京条约》是中华人民共和国历史上第一个以我国城市命名的国际条约。我国是继叙利亚、博茨瓦纳之后第3个正式批准《视听表演北京条约》的国家。2014年4月，中国第十二届全国人大常委会第八次会议表决通过，批准了该条约。据WIPO官方网站消息，按照条约的相关规定，该条约已于2020年4月28日对其30个缔约方生效。参见https：//wipolex. wipo. int/en/treaties/textdetails/12213.

所提出的问题，2012 年 6 月 20 日至 26 日，世界知识产权组织（WIPO）在北京召开保护音像表演外交会议，并通过《视听表演北京条约》。该条约主要针对录制在“视听录制品”中的表演，为表演者规定了广泛的权利，填补了视听表演领域版权保护的国际条约的空白。值得注意的是，据 WIPO 官方网站消息，该条约已于 2020 年 4 月 28 日对其 30 个缔约方生效了。

在《视听表演北京条约》的“议定声明”中，与第 13 条相关的关于第 15 条的议定声明规定，“本条任何规定均不阻止缔约方采取有效而必要的措施，以确保当视听表演已采用技术措施而受益人有权合法使用该表演时，例如在权利人未对某一具体表演采取能让受益人享受国内法所规定的例外与限制的适当和有效措施的情况下，受益人能享受其国内法中根据第 13 条作出的例外或限制规定”。

《视听表演北京条约》第 13 条规定，缔约各方在其国内立法中给予文学和艺术作品的版权的例外或限制同样适用于视听表演；第 15 条则规定了缔约各方对技术措施的义务：要在国内法中对技术措施进行法律保护，禁止他人规避表演者为其表演所设置的有效技术措施❶。

根据该议定声明，表演者有权利在其视听表演上采取技术措施，并且技术措施也受到法律的保护，但受益人可在视听表演的限制与例外情形下规避技术措施。这是在国际公约中首次明确规定，“权利人不能采取技术措施禁止受益人享受其国内法规定的限制与例外”，❷ 可谓意义重大。上述规定，明确地就“禁止规避技术措施的限制与例外”与“对表演者权的限制与例外”（也即受益人应享受的其国内法规定的福利）之间的关系表明了态度。换言之，当权利人采取技术措施的做法威胁或妨碍到“受益人”享受其国内法规定的限制与例外等相关福利时，受益人完全可以自行规避、破解该

❶ 《视听表演北京条约》第 13 条规定：“限制与例外：（1）缔约各方可以在其国内立法中，对给予表演者的保护规定与其国内立法给予文学和艺术作品的版权保护相同种类的限制或例外……”

《视听表演北京条约》第 15 条规定：“关于技术措施的义务：缔约各方应规定适当的法律保护和有效的法律补救办法，制止规避由表演者为行使本条约所规定的权利而使用并限制对其表演实施未经该有关表演者许可的或法律不允许的行为的有效技术措施。”

❷ 有学者也持类似观点。黄亮.《马拉喀什条约》视阙下著作权限制与例外制度的重构［J］. 电子知识产权，2014（5）：67－68.

技术措施或者向他人就此种行为寻求帮助或服务，以实现正常享受上述福利的目的；受益人的上述规避或破解行为将不被视为非法或者构成侵权。

（二）《关于为盲人、视力障碍者或者其他印刷品阅读障碍者获得已出版作品提供便利的马拉喀什条约》❶

《马拉喀什条约》于2013年6月27日通过，是由关于缔结一项为视力障碍者和印刷品阅读障碍者获取已发表的作品提供便利的条约的外交会议主导通过的。该条约是一个以保护视障者利益为核心的国际条约，也是目前世界上版权领域第一部且唯一一部人权条约。

《马拉喀什条约》第7条是关于禁止规避技术措施的限制与例外，其内容是："缔约各方应在必要时采取适当措施，确保在其为制止规避有效的技术措施规定适当的法律保护和有效的法律救济时，这种法律保护不妨碍受益人享受本条约规定的限制与例外。"该规定的意图很明确：受益人对无障碍格式版的限制与例外应当优先于对技术措施的适当的法律保护或法律救济；技术措施的采取或实施，不能妨碍受益人依照该条约所享有的著作权限制与例外情形下对作品的使用。可见，该条约的上述规定，可以说是从根本上和原则上对盲人、视力障碍者和印刷品阅读障碍者等参加社会文化生活、享受艺术和分享科学进步成果及其产生的利益，以及盲人、视力障碍者和印刷品阅读障碍者享受受教育权、从事研究等若干方面均具有重大意义。

《马拉喀什条约》标志着在国际版权法律制度关注的焦点已从强调版权人权益逐渐转向作品的受益人、使用人，这是国际版权法律制度中一个里程碑式的突破。

（三）《美墨加贸易协定》（USMCA）❷

《美墨加贸易协定》于2020年7月1日生效，该协定第20章是知识产

---

❶ 以下简称《马拉喀什条约》，该条约已于2016年9月30日生效。参见 https：//wipolex.wipo.int/en/treaties/textdetails/13169.

❷ 《美墨加贸易协定》，参见 https：//ustr.gov/trade-agreements/free-trade-agreements/united-states-mexico-canada-agreement/agreement-between.

权的内容，其中涉及若干与技术措施相关的内容，包括第20.8条“国民待遇”部分、第20.66条和第20.81条第18项。

其中，该协定第20.66条[1]是对技术措施相关内容最直接、最集中的

---

[1] Article 20.66: Technological Protection Measures

1. In order to provide adequate legal protection and effective legal remedies against the circumvention of effective technological measures that authors, performers, and producers of phonograms use in connection with the exercise of their rights and that restrict unauthorized acts in respect of their works, performances, and phonograms, each Party shall provide that a person who:

(a) knowingly, or having reasonable grounds to know, circumvents without authority an effective technological measure that controls access to a protected work, performance, or phonogram; or manufactures, imports, distributes, offers for sale or rental to the public, or

(b) otherwise provides devices, products, or components, or offers to the public or provides services, that: (i) are promoted, advertised, or otherwise marketed by that person for the purpose of circumventing any effective technological measure, (ii) have only a limited commercially significant purpose or use other than to circumvent any effective technological measure, or are primarily designed, produced, or performed for the purpose of circumventing any effective technological measure, (iii) is liable and subject to the remedies provided for in Article 20.81.18 (Civil and Administrative Procedures and Remedies).

Each Party shall provide for criminal procedures and penalties to be applied when a person, other than a non-profit library, archive, educational institution, or public non-commercial broadcasting entity, is found to have engaged willfully and for the purposes of commercial advantage or financial gain in any of the foregoing activities.

2. In implementing paragraph 1, no Party shall be obligated to require that the design of, or the design and selection of parts and components for, a consumer electronics, telecommunications, or computing product provide for a response to any particular technological measure, so long as the product does not otherwise violate any measure implementing paragraph 1.

3. Each Party shall provide that a violation of a measure implementing this Article is a separate cause of action, independent of any infringement that might occur under the Party's law on copyright and related rights.

4. Each Party shall confine exceptions and limitations to measures implementing paragraph 1 to the following activities, which shall be applied to relevant measures in accordance with paragraph 5:

(a) non-infringing reverse engineering activities with regard to a lawfully obtained copy of a computer program, carried out in good faith with respect to particular elements of that computer program that have not been readily available to the person engaged in those activities, for the sole purpose of achieving interoperability of an independently created computer program with other programs;

(b) non-infringing good faith activities, carried out by an appropriately qualified researcher who has lawfully obtained a copy, unfixed performance, or display of a work, performance, or phonogram and who has made a good faith effort to obtain authorization for those activities, to the extent necessary for the sole purpose of research consisting of identifying and analyzing flaws and vulnerabilities of technologies for scrambling and descrambling of information;

规定，包括禁止规避技术措施和禁止规避的限制与例外情形等内容。该条规定了9种限制与例外情形，如非侵权反向工程行为、非侵权善意的为网络安全目的的漏洞等研究行为、经合法授权的政府行为等。

(c) the inclusion of a component or part for the sole purpose of preventing the access of minors to inappropriate online content in a technology, product, service, or device that itself is not prohibited under the measures implementing paragraph (1) (b);

(d) non-infringing good faith activities that are authorized by the owner of a computer, computer system, or computer network for the sole purpose of testing, investigating, or correcting the security of that computer, computer system, or computer network;

(e) non-infringing activities for the sole purpose of identifying and disabling a capability to carry out undisclosed collection or dissemination of personally identifying information reflecting the online activities of a natural person in a way that has no other effect on the ability of any person to gain access to any work;

(f) lawfully authorized activities carried out by government employees, agents, or contractors for the purpose of law enforcement, intelligence, essential security, or similar governmental purposes;

(g) access by a nonprofit library, archive, or educational institution to a work;

(h) performance, or phonogram not otherwise available to it, for the sole purpose of making acquisition decisions; and

(i) in addition, a Party may provide additional exceptions or limitations for non infringing uses of a particular class of works, performances, or phonograms, when an actual or likely adverse impact on those non-infringing uses is demonstrated by substantial evidence in a legislative, regulatory, or administrative proceeding in accordance with the Party's law.

5. The exceptions and limitations to measures implementing paragraph 1 for the activities set forth in paragraph 4 may only be applied as follows, and only to the extent that they do not impair the adequacy of legal protection or the effectiveness of legal remedies against the circumvention of effective technological measures under the Party's legal system:

(a) measures implementing paragraph (1) (a) may be subject to exceptions and limitations with respect to each activity set forth in paragraph (4);

(b) measures implementing paragraph (1) (b), as they apply to effective technological measures that control access to a work, performance, or phonogram, may be subject to exceptions and limitations with respect to activities set forth in paragraphs (4) (a), (b), (c), (d), and (f); and

(c) measures implementing paragraph (1) (b), as they apply to effective technologicalmeasures that protect any copyright or any rights related to copyright, may be subject to exceptions and limitations with respect to activities set forth in paragraphs (4) (a) and (f).

6. Effective technological measure means a technology, device, or component that, in the normal course of its operation, controls access to a protected work, performance, or phonogram, or protects copyright or rights related to copyright.

二、主要国家或地区对禁止规避技术措施的限制与例外的立法规定

下面，笔者将对美国、欧盟、法国、德国、日本等国家或地区的相关法律规定有针对性地进行介绍。

（一）美国的相关规定

1996 年，《世界知识产权组织版权条约》（WCT）和《世界知识产权组织表演和录音制品条约》（WPPT）这两部首次将技术措施纳入版权保护范围的国际条约得以通过。应国际条约的要求，美国 DMCA 于 1998 年颁布，率先将技术措施规定于国内法，该法在应对数字和网络技术对版权法带来的挑战方面起到了十分重要的作用，但也伴随着不少批评。其中遭到批评最多的是著名的有关技术措施的第 1201 条[1]。

为了修正美国 DMCA 对技术措施的限制性规定，并回应消费者权益保护的广泛需求，美国于 2003 年陆续提交了三个议案，分别是《数字媒体消费者权利法》、《增进作者利益且不限制进步或网络消费者预期法》[2] 和《数字消费者知情权法》。尽管在美国内容产业等方面的反对下，这三个议案并未得以通过，但作为旨在保护消费者权益的提案，其中仍有不少内容值得关注。

同时，为防止对技术措施的保护对非侵权性使用特定类别作品的能力受到或可能受到不利影响，美国还开创性地规定了禁止规避技术措施的一般例外与临时例外。[3] 最具特色的要数临时例外制度，临时例外的具体规定或情形，自 2000 年后每三年修订一次，由美国国会图书馆馆长根据美国

---

[1] 宋红松．恢复版权法自身的平衡——介绍美国三个有关技术措施的新议案［A］．知识产权文丛（第 10 卷）［C］．北京：中国方正出版社，2003：250.

[2] 《数字媒体消费者权利法》和《增进作者利益且不限制进步或网络消费者预期法》这 2 个议案，后又于 2005 年再次向众议院提交。

[3] 此处的“临时例外”，根据美国相关法律文件的表述，也可直译为“豁免”，即使规避行为违反了 DMCA，也能获得豁免。

版权局局长的提议，决定哪些类型的版权作品可以不受该禁止规避的义务之约束，以及具体的适用情形。

1. 美国 DMCA 对一般例外（限制与例外）的规定

关于一般例外，DMCA 的规定主要体现为第 1201 条（d）款至（j）款共 7 种情形，包括：（1）非营利性图书馆、档案馆和教育机构的免责；（2）法律实施、情报工作和其他政府活动；（3）反向工程；（4）加密研究；（5）与未成年人相关的例外；（6）个人身份信息的保护；（7）安全测试。这七种例外情形分别规定了相应的适用条件，只有在符合适用条件的前提下，才能规避技术措施；并且，在允许直接规避技术措施的同时，除第（1）和第（6）种情形外，也允许间接规避技术措施。

2. 不断革新与发展中的临时例外

在制定有关禁止规避技术措施的临时例外的过程中，美国国会图书馆馆长应当对下列事项进行审查：第一，获得版权作品使用的可能性；第二，以非营利性存档、保存和教育目的获得作品使用的可能性；第三，禁止规避版权作品采用的技术措施后，批评、评论、新闻报道、教学、学术或研究的影响；第四，规避技术措施对版权作品的市场或者价值的影响；第五，其他国会图书馆馆长认为恰当的因素❶。

迄今为止，美国国会图书馆馆长已经分别于 2000 年、2003 年、2006 年、2010 年、2012 年、2015 年和 2018 年正式颁布了 7 次构成"临时例外"的特定类别作品。鉴于 2015 年和 2018 年的修改是最新、最近作出的，而且与现今的技术背景、商业环境等条件关系密切，在此专门对这两次的临时例外情形进行详细介绍。

此外，美国已于 2020 年 10 月 15 日发布了制定第八个三年期"临时例外"规则的通知及拟议法规的版本❷，将再次使用简化程序制定该临时豁免规则。若拟议法规规则得以通过，豁免规则的有效期为 2021 年 10 月至 2024 年 10 月。

---

❶ DMCA 1201（a）（1）（C）。

❷ 美国 2020 年发布的拟议规则，可参见 https：//www. federalregister. gov/documents/2020/10/15/2020 – 22893/exemptions-to-permit-circumvention-of-access-controls-on-copyrighted-works.

（1）2015 年颁布的临时例外。

在美国 2015 年颁布的临时例外中，规定了针对 10 类作品实施规避技术措施的行为可以免责，包括：①视听作品的教育性和衍生性使用；②为残障人士修改电子发行的文字作品；③无线设备解锁；④移动设备越狱；⑤智能电视越狱；⑥汽车软件诊断、修理和改良；⑦软件安全研究；⑧过期游戏破解；⑨3D 打印机破解；⑩获取联网医疗设备上的患者数据。

（2）2018 年颁布的临时例外。[1]

美国 2018 年颁布了最新一次的临时例外的情形及理由，作为禁止规避技术措施的豁免，已于 2018 年 8 月 28 日起生效。笔者认为，这些临时例外的情形值得我们高度关注，可供我国立法、修法时参考。

---

[1] 美国 2018 年颁布的禁止规避技术措施的豁免性规定（“临时例外”），原文可参见：https：//www.federalregister.gov/documents/2018/10/26/2018 – 23241/exemption-to-prohibition-on-circumvention-of-copyright-protection-systems-for-access-control.

其中的重要规定翻译如下：

（b）版权作品的类别。根据 17 U.S.C.1201（a）（1）（C）和（D），根据版权登记处的建议，图书馆决定禁止规避有效控制访问受版权保护作品的技术措施，这些措施载于 17 U.S.C.1201（a）（1）（A），不适用于下列各类版权作品的非侵权使用者：

（1）电影（包括电视节目和视频），按照 17 U.S.C.101 的定义，在这里是被合法制作成由内容扰乱系统保护的 DVD，由高级存取内容系统保护的蓝光光盘，或通过数据传输技术措施保护。而根据本条第（b）（1）（i）及（b）（1）（ii）（a）及（b）项作出规避行为的人，有理由相信非规避替代品不能产生所需的高质量，或规避是使用屏幕捕捉技术进行，为提供给公众，以使在合法获取和解密内容之后能够复制电影，规避只是为了使用较短部分的电影，在下列情况下：

（i）为了批评或评论的目的：

（A）用于纪录片制作，或其他电影中的电影剪辑用于戏仿或其传记或历史重要性；

（B）用于非商业性视频（包括为收取佣金而制作的视频，如果委托实体的使用是非商业性的）；或

（C）适用于非小说类多媒体电子书。

（ii）为教育目的：

（A）大学、学院、学生或幼儿园到 12 年级（K－12）的教育工作者和学生（K－12 学生在教育工作者的直接监督下规避），包括为了批评、评论、教学或学术目的的认可的普通教育发展（GED）项目；

相比于2015年的规定，2018年规则延续了视听作品的教育性和衍生性使用例外、为残障人士修改电子发行的文字作品的例外。同时也对一些

（接上页）（B）公开在线课程（MOOC）由认可的非盈利性教育机构提供，通过在线平台（这些平台本身可能是盈利的）、电影研究或其他需要仔细分析电影和媒体摘要的课程正式注册学生，目的是批评或评论，如果MOOC提供商通过在线平台在技术上可行的范围内限制向这些正式注册的学生的传输，那么研究版权政策，可以向教师、学生和相关工作人员提供版权信息材料，并采取技术措施合理地防止未经授权进一步向他人传播无障碍形式的作品，或者防止通过该平台传输的接受者将作品保留超过课程时间，正如17 U. S. C. 110计划的。或

（C）图书馆、博物馆和其他具有教育功能的非营利性机构提供的非营利性数字和媒体文字项目的教育者和参与者，在面对面的教学活动过程中，为了批评或评论的目的，但这些用户只能规避使用屏幕捕捉技术，这种技术是提供给公众的，可以在内容被合法获取和解密后复制电影。

（2）（i）电影（包括电视节目和视频），按照17 U. S. C. 101的定义，在这里是被合法制作成由内容扰乱系统保护的DVD，由高级存取内容系统保护的蓝光光盘，或通过数据传输技术措施保护：

（A）规避是由一个残疾服务机构或从事负责向学生提供无障碍服务的幼儿园至十二年级教育机构、学院或大学的单位进行的，目的是在电影中添加字幕和/或音频说明，以便根据适用的残疾法，例如《美国残疾人法》《残疾人教育法》或《康复法》第504节，创建一个无障碍版本，作为残疾学生或学生的必要便利；

（B）本条第（b）（2）（i）（a）款所述的教育机构单位经合理判断后，认定无法以合理价格或适时方式取得无障碍版本；以及

（C）无障碍版本提供给学生或教育工作者，并由教育机构以合理防止未经授权进一步传播作品的方式保存。

（ii）就本段（b）（2）而言，“声音描述”是指能准确呈现电影的口头叙述。

（3）电子形式传播的文字作品，受到防止朗读功能启用或干扰屏幕阅读软件或其他应用程序或辅助技术的技术措施的保护：

（i）当盲人或其他残疾人（如在17 U. S. C. 121定义的那些人）合法获得此类作品的复制品时。但是，权利人可以根据通过惯常渠道向公众提供的作品副本的价格酌情获得报酬；或

（ii）根据17 U. S. C. 121，此类作品为非戏剧性文字作品时，由授权主体合法获得和使用。

（4）文字作品，由全部或部分植入体内的医疗设备或其相应的个人监控系统所产生的数据汇编而成，病人仅为合法获取其自身设备或监控系统所产生的数据而进行这种规避，并不构成违反法律，包括但不限于1996年《健康保险便利和责任法案》、1986年《计算机欺诈和滥用法》或《食品和药物管理条例》，并且是通过被动监控此类设备或监控系统已经产生的无线传输来完成的。

（5）使下列合法取得的无线装置能够连接到无线电信网络的计算机程序，而规避只是为了连接到无线电信网络而进行，而该等连接是由该网络的营运商批准的：

（i）无线电话听筒（手机）；

（ii）多用途平板电脑；

（iii）便携式流动连接装置，例如移动热点、可移动的无线宽频调制解调器及类似装置；及

（iv）可穿戴的无线设备设计用于身体上，如智能手表或健身设备。

（6）使智能电话及便携式多用途流动电脑装置可执行合法取得的软件应用程序的计算机程序，而该程序的规避是专为使该等应用程序与智能电话或装置上的计算机程序互用，或容许移除该智

作品类型的豁免情形进行扩充，以应对技术的发展。有变化之处主要表现在以下方面：

（接上页）能电话或装置上的软件。就本（b）（6）款而言，“便携式通用移动计算设备”是一种主要用于运行各种程序而不是用于消费某种特定类型的媒体内容的设备，配备了主要用于移动的操作系统，并由个人携带或佩戴。

（7）使智能电视能够执行合法获得的软件应用程序的计算机程序，其规避完成的唯一目的是使这些应用程序能够与智能电视上的计算机程序交互操作。

（8）使语音辅助设备能够执行合法获得的软件应用程序的计算机程序，规避的唯一目的是使这些应用程序与设备上的计算机程序能够互操作，或允许从设备上移除软件，而不是为了获得对其他受版权保护的作品的未经授权的访问。就本段（b）（8）而言，“语音辅助设备”是一种主要用于运行各种程序而不是消费某种特定类型的媒体内容的设备，主要用于通过语音接收用户输入，并设计用于安装在家庭或办公室。

（9）包含在和控制合法获得的机动车辆，如个人汽车、商用车辆或机械化农用车辆的运行的计算机程序，但通过单独的订阅服务获取的程序除外，如果规避是允许诊断、修理或合法修改车辆功能的必要步骤，也不是为了获得其他受版权保护的作品而完成的，这种规避不构成违反法律，包括运输部或环境保护局颁布的无限制条例。

（10）包含在并控制合法获得的智能手机或家用电器或家庭系统的功能的计算机程序，如冰箱、恒温器、暖通空调或电气系统，如果规避是允许诊断、维护或修理这类设备或系统的必要步骤，并且不是为了获取其他受版权保护的作品而完成的。就本条（b）（10）段而言：

（i）“维护”一个装置或系统是指对该装置或系统进行维护，以使其按照原来的规格运行，并对该装置或系统的规格进行任何更改；以及

（ii）设备或系统的“修复”是指将设备或系统恢复到按照其原始规格运行的状态，并对为该设备或系统授权的规格进行任何更改。

（11）（i）计算机程序，规避是在合法获得的装置或机器上进行的，计算机程序在其上运行，或在计算机、计算机系统或计算机网络上进行，计算机程序在该计算机、计算机系统或计算机网络的拥有人或操作人的授权下运行，完全是为了进行诚信的安全研究，不违反任何适用法律，包括但不限于1986年《计算机欺诈和滥用法》。

（ii）就本（b）（11）款而言，“诚信安全研究”是指仅仅为了诚信测试、调查和/或纠正某一安全缺陷或漏洞而访问某一计算机程序，而这种活动是在旨在避免对个人或公众造成任何伤害的环境中进行的，并且从该活动中获得的信息主要用于促进计算机程序所运行的那一类装置或机器的安全，或者那些使用这种装置或机器的人，而且其使用或维护方式不便于盗版。

（12）（i）当版权人或其授权代表停止提供进入外部计算机服务器的必要途径，为方便进行认证程序以使游戏能够进行时，以合法获得的实体或下载的格式制作的电子游戏作为完整的游戏，只为：

（A）允许访问视频游戏，允许复制和修改计算机程序，以恢复访问游戏的个人，本地游戏在个人电脑或电子游戏机；或

（B）允许进入电子游戏，允许复制和修改计算机程序，以便在必要时恢复进入个人电脑或电子游戏机的游戏，允许符合条件的图书馆、档案馆或博物馆以可玩的形式保存游戏，如果这些活动的进行没有任何直接或间接的商业利益目的，并且电子游戏不在符合条件的图书馆、档案馆或博物馆的实际场所之外传播或提供。

① 视听作品。

在作品类型中取消了“纪录片”的限制，允许在其他电影类型中为了

（接上页）（ii）以实体或下载形式出现的计算机程序形式的电子游戏，已经作为完整的游戏合法获得，不需要访问外部电脑服务器运行游戏，并且在商业市场上不再合理地提供，仅仅是为了保存游戏的可玩形式，由符合条件的图书馆、档案馆或博物馆进行，这种活动的开展没有任何直接或间接的商业利益，而且电子游戏不能在合格的图书馆、档案馆或博物馆的实体馆舍之传播或提供。

（iii）仅在符合条件的图书馆、档案馆或博物馆从事本节（b）（12）（i）（b）或（b）（12）（ii）段所述保存活动所必需的范围内操作电子游戏机的计算机程序。

（iv）为本（b）（12）款的目的，应适用下列定义：

（A）就本节第（b）（12）（i）（a）及（b）（12）（ii）段而言，“完整游戏”指用户可以运行的电子游戏，而无须存取或复制已储存在外部电脑服务器上的版权内容。

（B）就本节第（b）（12）（i）（b）段而言，“完整游戏”是指符合本节第（b）（12）（iv）（a）段定义的电子游戏，或者既包括供个人电脑或电子游戏机使用的游戏的副本，又包括存储在外部计算机服务器上或以前存储在外部计算机服务器上的游戏代码的副本。

（C）“停止提供访问”是指版权人或其授权代表已经发表声明，表示对视频游戏的外部服务器支持已经结束，实际上不再提供这种支持，或者服务器支持已经停止至少6个月；但是，服务器支持尚未恢复。

（D）“本地游戏”是指在个人电脑或电子游戏机或本地连接的个人电脑或控制台上进行的游戏，而不是通过在线服务器或设施。

（E）当图书馆、档案馆或博物馆向公众开放和/或定期提供给与图书馆、档案馆或博物馆无关的研究人员时，图书馆、档案馆或博物馆被认为是“符合条件的”。

（13）（i）除电子游戏外，仅为合法保存计算机程序或依赖计算机程序的数字材料作为获取的条件而合法获取的计算机程序，但在商业市场上不再合理获取的计算机程序除外，如果这些活动的进行没有任何直接或间接的商业利益目的，且该程序不在符合条件的图书馆、档案馆或博物馆的实际场所之外分发或提供。

（ii）就本节第（b）（13）（i）段的豁免而言，图书馆、档案馆或博物馆在下列情况下被视为“符合条件”：

（A）图书馆、档案馆或博物馆的藏品向公众开放，并/或定期提供给与图书馆、档案馆或博物馆无关的研究人员；

（B）图书馆、档案馆、博物馆具有公共服务的功能；

（C）图书馆、档案馆、博物馆经过培训的工作人员或志愿者提供通常与图书馆、档案馆或博物馆有关的专业服务；

（D）图书馆、档案馆、博物馆的馆藏由合法取得的和/或许可的资料组成；

（E）图书馆、档案馆或博物馆根据本段（b）（13）所允许的活动实施合理的数字安全措施。

（14）操作3D打印机的计算机程序，采用依赖于芯片的技术措施来限制原料的使用，如果规避完全是为了使用替代原料，而不是为了获取设计软件、设计文件或专利数据。

（c）可能发起规避行为的人。在本节（b）段所授权的范围内，任何无线电话或其他无线装置的所有人、授权人，或商业移动无线电服务或商业移动数据服务的提供者在该拥有人或授权人的指示下，均可规避限制无线电话或其他无线装置连接到无线电信网络的技术措施，唯一目的是使该所有人或其家庭成员能够连接到无线电信网络，而该连接是经该网络的运营商授权的。

戏仿等批评或评论的目的而规避技术措施。规避主体上也允许义务教育阶段（K－12）的师生为教学目的规避技术措施，但义务教育阶段的学生必须在教师的监督下才能规避。同时允许根据残疾法案，为创建无障碍版本而规避视听作品的技术措施。

② 计算机程序。

2018 年规则就计算机程序的“解锁”“越狱”和最新的 3D 打印技术等情形规定了豁免情形。具体包括：

a. 在“解锁”中，“合法获得”的设备为了连接无线网络的目的可以规避技术措施，扩大了豁免的设备范围；

b. 在“越狱”中，语音辅助设备为进入计算机操作系统可以规避技术措施，增加了豁免的设备范围；

c. 当为诊断、维护或修理目的而需要规避技术措施时，2018 年规则删去了“不得使用车载娱乐系统”的限制，原因是自 2015 年规则以来车载计算机系统日益一体化，上述限制很可能会阻碍非侵权使用。同时，新增了一项豁免，允许为诊断、维护或修理目的规避限制接触智能手机、家用电器或家庭系统的技术措施。

d. 图书馆、档案馆、博物馆为保存计算机程序，可以规避该计算机程序的技术措施。

e. 图书馆、档案馆、博物馆为保存电子游戏，可以规避技术措施，其中包括依赖外部服务器运行的游戏（网络游戏）。

f. 安全研究人员为了对计算机程序进行安全研究，可以规避技术措施，而不受设备限制。

g. 在 3D 打印时允许为了使用替代原料而规避技术措施。

在 2018 年临时例外规则的制定过程中，美国国会图书馆在决定是否扩大豁免范围时，首先要考虑规避技术措施的行为是否必要，即是否有替代措施；其次要考虑规避技术措施的目的是否合理，如是否为了公益目的，技术措施的存在是否不恰当地阻碍了市场的发展；最后要考虑规避技术措施是否会对权利人的潜在市场造成不利影响。虽然离上一次规则制定（2015 年）仅有三年，但有些技术已发生了明显变化。为应对这些变化，美国国会图书馆最终作出了扩大部分豁免范围的决定。

3.《数字媒体消费者权利法》(Digital Media Consumers' Rights Act) 的相关规定

该法案扩大了禁止规避技术措施的例外的范围。

首先，对 DMCA 第 1201 条（a）（2）（A）项禁止规避控制访问的技术措施和（b）（1）（A）项禁止规避控制使用的技术措施进行修正，增加“除非当事人的行为仅仅是为了促进有关技术措施的科学研究”的内容。《数字媒体消费者权利法》规定：为了进行技术措施的科学研究，可以间接规避技术措施，不构成违法或侵权。

其次，对 DMCA 第 1201 条（c）项进行了修改。《数字媒体消费者权利法》规定：若对技术措施的规避并未导致侵犯作品的版权，则不构成违法[1]。制造、散发或生产并非用于侵权的硬件或软件产品，则不构成违法，如果该产品能够适用于对受版权保护的作品进行显然非侵权的利用。也就是说，如果只是实施了对技术措施的规避行为，但未侵犯作品的版权，则不构成违法；如果用于规避的工具具有实质性非侵权用途，则间接规避技术措施的行为也不构成违法。

4.《增进作者利益且不限制进步或网络消费者预期法》(Benefit Authors without Limiting Advancement or Net Consumer Expectations Act of 2003) 的相关规定

美国的《增进作者利益且不限制进步或网络消费者预期法》（简称《网络消费者预期法案》)，其第 5 条规定了为实现合理使用和消费者的需求（预期、期待）而允许的规避行为。

与美国 DMCA 第 1201 条的内容相比较，《网络消费者预期法案》的突出特点和内容在于以下两个方面。

（1）增加了为非侵权性使用进行的规避。对于合法获得某一作品复制件或唱片的人，或者合法接收某一作品的传输的人，可以规避有效控制作品访问或者保护版权人权利的技术措施；前提条件是：只要该种使用是非

[1] Digital Media Consumers' Rights Act.

侵权性使用，且版权人无法公开地通过必要手段在不增加使用人成本和负担的情况下满足其非侵权性使用的需要。

（2）允许了非侵权性的间接规避技术措施。法案规定：任何人均可制造、进口、向公众提供或通过其他方法供应技术手段，以规避能够有效控制访问作品或保护作品版权的技术措施；只要该技术手段是非侵权性使用所必需的，设计、生产、销售这种技术手段是为了进行非侵权性使用，并且版权人不能提供临时例外情形中的必要手段。

（二）欧盟的相关规定

2001年5月22日，欧盟参照美国DMCA中关于技术保护和版权管理系统及ISP的限制责任等相关规定，通过了《关于协调信息社会中版权和相关权利若干方面的指令》[1]，用以规制欧盟成员国的数字出版产业[2]。EUCD的前言规定，“任何上述权利管理信息系统可以根据它们的设计，同时处理关于个人创作的受保护客体的消费模式的个人信息，并可以对联机行为进行追踪。这些技术方法，在它们的技术功能方面，根据欧洲议会和欧盟理事会1995年10月24日《欧盟个人数据保护指令》（95/46/EC）关于个人信息处理和这些信息自由变动的保护，应当包括隐私保护的规定”。因此，权利人关于个人数据的收集必须遵守指令最低限度的要求。消费者有权破解向版权人反馈个人信息的技术措施，或者有权利获得必要的工具以破解该措施[3]。

EUCD第6条第4款还专门规定了7种禁止规避技术措施的限制与例外情形，分别是：（1）权利人获得公平补偿的复制；（2）图书馆、教育机构、博物馆或档案馆进行的特定的复制行为；（3）广播电视机构为其广播电视需要进行临时录制；（4）社会机构进行广播电视复制，只要权利人获得公平补偿；（5）用于教学说明或科学研究的使用；（6）为帮助残疾人而使用；（7）出于公共安全目的的使用或使用以保证行政、议会或司法程序的适

[1] 《欧盟信息社会版权指令》Directive2001/29/EC，简称“EUCD”。

[2] 黄先蓉，李魏娟．美国数字出版法律制度的现状与趋势［J］．中国出版，2012（17）：60．

[3] 谢惠加．技术措施保护的隐私权限制［J］．知识产权，2012（3）：50．

当的执行或报告。这七种限制和例外都适用于复制权，并且后三种限制和例外还适用于公众传播权。不过，值得注意的是，并非符合限制与例外情形消费者就可以规避技术措施了，消费者首先需要与权利人达成协议，在不能取得权利人同意的情况下，消费者才可以根据该成员国规定的让权利人确保受益人从例外或限制中受益的相关规定，进行规避行为。

EUCD 第 9 条还明确规定，该指令的实施不影响包括隐私权在内的其他指令的效力。据《欧盟个人数据保护指令》“第 29 条工作组”在 2005 年发布的《与知识产权有关的数据保护问题工作文件》明确提出，应将传统的关于数据收集的原则适用于技术措施以及版权权利救济等方面。这意味着，欧盟版权保护应受到与隐私权保护相关的《欧盟个人数据保护指令》和《电子商务指令》（2002/58/EC）的限制❶。

（三）法国、德国的相关规定

在欧盟相关立法的指引下，部分欧盟成员国在自己的国内立法中明确规定了对禁止规避技术措施的限制与例外。较具代表性和典型意义的要数法国和德国，以下分述之。

1. 法国的相关规定

为了完成对 EUCD 的国内法转化，法国于 2006 年通过了《信息社会版权和邻接权法》❷。该法就技术措施相关问题作了规定，并且其主要条款已被纳入《法国知识产权法典》。

《法国知识产权法典》❸ 对技术措施的限制性规定主要是在第 2 节“技术保护和信息措施”。《法国知识产权法典》第 L331 - 5 条第 5 款规定：“技术措施的设置不能对法律规定或权利人许可的权利限度内对作品或保护制品的自由使用造成限制。”

从上述条文的表述来看，虽然法国法律承认对技术措施的设置提供保护，但当此种技术措施的设置将对他人依照法律规定或权利人许可而有权

---

❶ 谢惠加. 技术措施保护的隐私权限制［J］. 知识产权，2012（3）：50.

❷ Law No. 2006 - 961 on Copyright and Related Rights in the Information Society.

❸ 《法国知识产权法典》的现行有效版本于 2017 年 3 月 17 日通过。

享受的自由使用权构成限制或妨碍时，该技术措施则不应被保护。此时，该使用权人应当可以权利受限制为由合法地规避相关技术措施。

2. 德国的相关规定

德国法律对技术措施的相关规定主要体现于《德国著作权法》中。

为执行欧盟《信息社会版权指令》条款和 WCT 第 11 条的要求，也为了适应现代社会数字网络技术的发展，德国于2003 年9 月修订发布了《信息社会版权规制法》❶。在保护技术措施的同时，为防止版权技术措施的滥用，德国也专门规定了其限制与例外条款，《信息社会版权规制法》中的关键条款已被纳入《德国著作权法》❷ 中。

禁止规避技术措施的限制与例外，主要见于《德国著作权法》第 95b 条：如果著作权法客体的权利人（除《著作权法》第 69a 条所规定的计算机程序外）通过技术措施采取了一定的措施来防止他人非法使用作品，那么，他就应当考虑到：按照著作权法的限制性规定，即使没有征得权利人同意也有权使用作品的那些人在技术措施存在的情况下也能够通过一定的方式对作品进行使用。规避性约定在法律上是无效的。

《德国著作权法》对技术措施的限制性规定作了完全的列举：（1）维护权利以及公共安全；（2）残疾人；（3）以宗教、学校以及课堂教育为目的的汇编行为，当然宗教目的的使用除外；（4）学校广播电视节目；（5）学校以及课堂教育为目的的公共传播；（6）以私人使用以及自己使用为目的，但是立法者把这种情况限制在一个较小的范围内；（7）播放企业进行的复制行为。❸

虽然《德国著作权法》规定了上述 7 种在作品被采用技术措施但仍有权使用作品的情形，但与消费者自行规避技术措施的做法相比，法律在更多情况下建议受益人援引《不作为请求之诉法》第 2a 条来提起不作为之诉。若上述限制性规定的受益人所组成的协会与著作权人之间在使用方式问题上存在某种协议，那么，按照《德国著作权法》第 95 条第 2 款第 2

---

❶ Law on the Regulation of Copyright in the Information Society.

❷ 现行有效的《德国著作权法》是于 2017 年修订的版本。

❸ Law on Copyright and Neighboring Rights § 95b (1).

项的规定，法律就推定：这一使用方式已经足够。为了使单个的受益人避免在实现自己请求的诉讼过程中的风险、巨大花费以及漫长时间，《不作为请求之诉法》第3a条对集团诉讼作了规定。

可见，上述7种禁止规避技术措施的限制与例外，与著作权的限制在根本上是一致的，虽然总体上看，前者的情形要少于后者的情形。

（四）日本的相关规定

在亚洲地区，日本可谓是对技术措施作了充分而精细规定的典型代表。日本的特色在于，不仅有基本性条款，还专门从“反不正当竞争法”的角度对技术措施保护的限制与例外等方面作了较为全面、细致的规定。

1.《日本著作权法》的相关规定

《日本著作权法》进行过多次修订。在1999年修法时即明确了对技术措施的法律保护。不过，值得注意的是，《日本著作权法》（1999年版）只对控制使用的技术措施进行保护，而不保护控制接触的技术措施。而《日本反不正当竞争法》对控制接触的技术措施和控制使用的技术措施均予以保护[1]。

根据《日本著作权法》的规定，著作权人有权在作品上采用技术措施以保护著作权。对控制使用的技术措施实施的规避行为，即使是个人复制，也被视为著作权侵权行为，并追究相应责任。

当然，对于无独创性以及著作权保护期限届满的作品，在这些作品上使用技术措施将对公众使用这些作品构成限制或阻碍。为保护公众利益，《日本著作权法》规定，对于不享有著作权的作品，并不禁止复制行为，而只禁止制造和销售规避控制使用的技术措施的装置。

2.《日本反不正当竞争法》的相关规定

如上所述，《日本著作权法》对技术措施的反规避保护程度是较高的。尽管如此，日本仍相当重视技术措施实施者对竞争及消费者可能存在的潜在威胁或不利影响。这一点体现在《日本反不正当竞争法》的多次修订版

---

[1] 关于这一点，下文将具体阐述。

本中。

实践中，在通过各种手段向人们提供录音、录像等内容或服务时，录音、录像制品的提供者等为确保投资利益回收等商业利益，往往会倾向于利用控制接触或使用的技术措施，以实现对人们（用户、消费者）利用录音、录像制品行为的限制或控制，并防止被他人擅自复制或利用。比如，在 DVD 音像制品上，利用对相关影像信息的密码化，对解码行为予以技术控制，唯有官方解码后，用户才能读取这些影像；又如，采取将卫星广播、有线电视信号予以密码化的方式，唯有付费后，消费者才能获得解码器或解码卡，将信号解密后正常收看到电视。尽管这些技术措施存在一定的缺陷，随着技术发展将逐渐丧失其有效性，也不能完全防止其他人开发、制造出能规避技术措施的产品，投入市场销售；但若放任类似行为，必将对创作新的录音、录像制品造成一定打击。

鉴于上述种种原因，在 1999 年修改《日本反不正当竞争法》时，专门增加了禁止规避技术措施的例外方面的相关规定，如该法第 2 条第 1 款第 10 项、第 11 项等，将“不正当转让破坏技术限制手段的相关设备的行为”规定为不正当竞争行为之一，并对制造或销售规避控制接触或控制使用的技术措施的装置的行为设置了民事请求权[1]。2011 年《日本反不正当竞争法》则修改了破坏技术限制手段的相关设备的条件。[2]

（1）技术限制手段的存在。[3]

《日本反不正当竞争法》规定，通过商业上所利用的“技术限制手段”限制音像制品的试听效果、程序的执行及记录等，是规制提供规避技术限制的装置的行为的前提条件。[4]

---

[1] 田村善之．日本知识产权法［M］．周超，李语峰，李希同，译，北京：知识产权出版社，2010：51．

[2] 在本章中，若无特别说明，《日本反不正当竞争法》均指 2015 年修订、2016 年 1 月 1 日生效的版本。

[3] 本部分参考、借鉴了我国学者对日本法的翻译或研究成果，由于部分学者在翻译日本法时多译为“技术性限制手段”，本书也采用了该术语，而此处的“技术性限制手段”与本书中的关键词“技术措施”实属同义词或近义词。因为，此处的“技术限制手段”，其定义和特点均与受《著作权法》保护的“技术措施”大体一致。

[4] 参见《日本反不正当竞争法》第 2 条第 1 款第 10 项。

“技术限制手段”，是指利用电磁方法，限制影像的试听效果、程序的执行及记录这些情报信息的技术手段。该技术限制手段主要有信号妨碍型和密码型两种。信号妨碍型即通过对视听等机器反应的特定干扰，妨害信号与影像、声音以及软件等来记录、发送的技术方式；密码型则是通过将前述内容作适当的、必要的变换以适应视听机器的方法来记录、发送的技术手段。❶

（2）提供规避技术限制手段的装置的行为。❷

首先，转让、交付或者为了转让、交付而展示、进出口具有规避技术限制手段效果的、拥有使视听、执行、记录成为可能的功能的装置（包含安装有该装置的设备）的行为❸，将被视为不正当竞争行为。❹

其次，那些利用妨碍技术限制手段，向其他人提供有解除技术性限制手段功能的、使视听、执行、记录成为可能的程序（包含安装有这些程序的机器）以及安装有该种程序的半导体集成电路的行为；转让、交付或者为了转让、交付而展示、进出口记载有上述程序的媒体与记忆该程序的机器装置的行为等，也都属于不正当竞争行为。❺

（3）除外情形。

关于禁止提供规避技术限制手段的装置，《日本反不正当竞争法》同时规定了两种例外情形。在这两种情形下提供此种装置，不属于不正当竞争行为。

① 向被许可人提供规避技术限制装置的行为。该法对应受保护的技术限制手段的限制并非是全面的。在允许特定人视听、执行、记录时，即使向该特定人转让了该技术限制的规避装置、记载媒体、机器以及提供相关程序等，都不属于不正当竞争行为。❻

---

❶ 《日本反不正当竞争法》第 2 条第 5 款。

❷ 即提供规避技术措施的装置的行为。

❸ 《日本反不正当竞争法》第 2 条第 1 款第 10 项。

❹ 当然，在允许特定人视听、执行、记录时，向该特定人以外的其他人转让该装置的行为，适用该法第 11 项以及第 10 项的括号中的规定。

❺ 《日本反不正当竞争法》第 2 条第 1 款第 10 项。

❻ 《日本反不正当竞争法》第 2 条第 1 款第 10 项括号内规定以及该条款第 11 项。

部分学者推测，上述规定是基于对以下价值判断的考量：为了保障成果开发的激励机制，完全不需要保护成果开发者对提供规避装置的市场垄断。因为对被许可人而言，成果开发者已经行使了一次取得回报的机会，若依然禁止实施向被许可人提供规避装置的行为，那么就等于认可了成果开发者对提供规避装置的市场垄断。

② 为试验、研究提供规避技术限制手段的装置的行为。为试验、研究技术限制手段的目的而交易、提供规避技术限制手段的装置、记忆媒体、机器及程序等行为，不属于不正当竞争行为。[1] 例如，产品的生产者或提供者为提高技术限制手段的实效性、降低成本等，在进行试验或研究过程中，也许会邀请熟悉制造规避装置的技术人员参与，并购买相关装置进行各种实验。这种为实验或研究所实施的必要行为，不会因部分成果开发者的不同意而受到影响。此类行为构成第二种除外适用情形。

（4）法律后果。

若因《日本反不正当竞争法》第 2 条第 1 款第 10 项、第 11 项所规定的行为致使自己的商业利益可能受损害时，受害人可以请求行为人停止实施侵害行为；[2] 还可以请求销毁侵权制品、拆除侵权设备、停止侵害并防止损害扩大。[3] 受害者也可以请求有故意或过失的行为人赔偿因其侵害行为所致损失。

（5）最新动态。

近几年，由于现实中通过技术限制手段保护的对象越来越多，这些对象或内容对很多商业主体或活动至关重要，从而面临着法律规定之外的规避行为的挑战。《日本反不正当竞争法》启动了最新一轮修订。2018 年 2 月 27 日，《日本反不正当竞争法》修正案经内阁审议予以通过[4]。

在此次修改中，《日本反不正当竞争法》修正案扩展了“技术限制手段”保护对象的范围，将“用于信息处理的信息（数据）”纳入技术限制

[1] 《日本反不正当竞争法》第 12 条第 1 款第 7 项。

[2] 《日本反不正当竞争法》第 3 条。

[3] 《日本反不正当竞争法》第 3 条第 2 款。

[4] 该修正案现已在日本议会两院审理通过后生效并施行。

手段保护的新对象。[1] 此外，还扩展了“破坏技术限制手段的行为”的内涵，将“为破坏技术限制手段提供服务”等列为不正当竞争行为。[2]

从《日本反不正当竞争法》最新修正案的精神来看，“为破坏技术限制手段提供服务”这一项被明确纳入被禁止的“不正当竞争行为”中，正是为了避免出现损害相关产业者利益的不良后果。

（五）新加坡的相关规定

在亚洲地区，新加坡是技术措施保护相关制度较为完善的国家。《新加坡著作权法》将技术措施分为控制访问的技术措施和权利保护技术措施，并在对例外情形的规定中体现了两者的差别。

1.《新加坡著作权法》（2019 年版）的相关规定

A. 禁止规避技术措施的一般性规定。

《新加坡著作权法》第 261C 条规定，除了构成 261D 或 261E 中的情形（例外情形）外，对于已经实施了技术措施的作品来说，任何人不得在未经权利人或表演者许可的情况下实施下列行为：

（1）对于施加了访问（或称“接触”）控制的作品来说，行为人实施任何他意识到的或有理由意识到的规避该技术措施的行为；

（2）制造、进口、分销、向公众提供或非法买卖任何属于下列三种情形之一的设备、产品或组件：（i）为了规避技术措施而进行的促销、广告或营销；（ii）除规避技术措施外，只有有限的商业意义或用途；（iii）为了规避技术措施而设计或制造；

---

[1] 在原先 2015 年修订的《日本反不正当竞争法》中，通过“技术限制手段”保护的对象仅限于 3 项：（1）影像、声音的视听；（2）程序的执行；（3）影像、声音、程序的记录。而 2018 年该法修正案则拓展为 4 项：（1）影像、声音的视听；（2）程序的执行；（3）用于信息处理的信息（数据）；（4）影像、声音、程序、其他信息的记录。

[2] 2015 年修订的《日本反不正当竞争法》所规定的破坏技术限制手段的行为包括 3 项：（1）转让破坏技术限制手段的设备；（2）转让破坏技术限制手段的程序的记录媒体或记录设备；（3）通过电子通信方式提供破坏技术限制手段的程序。而 2018 年该法修正案则拓展为 4 项：（1）转让破坏技术限制手段的设备；（2）转让破坏技术限制手段的程序或者指令符号的记录媒体或记录设备；（3）通过电子通信方式提供破坏技术限制手段的程序或者指令符号；（4）提供破坏技术限制手段的服务。

（3）向公众提供下列服务：（i）为了规避技术措施而进行的促销、广告或营销；（ii）除规避技术措施外，只有有限的商业意义或用途；（iii）为了规避技术措施而实施的服务。

B. 禁止规避控制访问的技术措施的例外。

对于禁止规避控制访问的技术措施，该法第261D条列举了7种例外情形：

（1）为了使非营利性图书馆、非营利性档案馆、教育机构、协助阅读障碍者或智力障碍者的机构能够获得通过其他方式无法获得的、享受权利保护的作品或其他客体，而这些作品对这些机构来说只是用来决定是否制作该作品副本的目的；[1]

（2）对能够收集或传播个人身份信息并反映个人上网习惯的技术措施，若未向使用者作出明显通知的技术措施，仅为识别和禁用此类技术措施的目的而实施的规避技术措施，并且该规避行为不会影响任何人正常获取作品；

（3）为了实现独立创建的计算机程序与另一个计算机程序操作上的互用性的目的，前提条件是：①该行为是善意的；②计算机程序的副本是合法取得的；

（4）实施该规避行为是为了完成对加密技术进行研究，但要符合以下4个前提条件：（i）实施规避行为的人正在学习加密技术领域的合法课程，在该领域受雇或接受过适当的培训或有相关的从业经验，或者代表受聘、受过训练或有经验的人实施该行为；（ii）实施规避行为是完成此项研究所必需的；（iii）规避时出于善意，且相关作品的副本是合法获取的；（iv）行为人为获得权利人的授权已经作出合理的努力；

（5）规避行为是为了防止未成年人能随意浏览互联网上的不良内容，但行为人实施规避行为所使用的产品或设备不得是261C（1）（b）中所禁止使用的产品或设备；

（6）为了测试、调查或者纠正该计算机、计算机系统或者计算机网络

[1] 这一项显然是对特定的非营利性公共机构的豁免。

的安全漏洞或者薄弱环节，前提是得到计算机、计算机系统或计算机网络的所有者授权；

（7）政府或任何政府授权人士为执法、情报、国防、基本安全或其他类似目的。

值得注意的是，《新加坡著作权法》第261D（3）条规定，若是实施前述例外行为时违反了该法以外的其他法律法规，仍将被视为构成侵权行为。

C. 针对规避设备和规避服务的例外。

对于禁止制造、使用规避设备和禁止提供规避服务的行为（所谓的“准备”行为），《新加坡著作权法》第261E条专门规定了几种例外情形，以便明确该法第261D条中的几类情况。

这些实际上是禁止间接规避行为的例外情形，具体包括以下几项：

（1）对计算机程序而言，有两种情形的规避行为不被视为侵权：①为了实现独立创建的计算机程序与另一个计算机程序（根据条件）的互操作性的唯一目的；②为了检测、调查或纠正计算机、计算机系统或计算机网络（受条件限制）的安全缺陷或漏洞，规避技术访问控制措施。[1]

（2）在研究任何加密技术时规避技术访问控制措施；

（3）仅用于阻止未成年人访问互联网上的任何资料（视情况而定）；

（4）政府或任何政府授权人士为执法、情报、国防、公众安全或其他类似目的。[2]

需要注意的是，以上4种情形适用的前提条件与该法第261D条中规定的基本相同。

2.《新加坡著作权（豁免作品）法令》对例外情形的规定

根据《新加坡著作权法》第261D（2）条的规定，可以通过颁布“例

---

[1] 因此，根据此规定，为了那些出于善意目的，并且行为人无法通过其他方式获取计算机程序中的特定元素时，行为人通过该计算机程序的合法副本，来使该独立编制的计算机程序与另一计算机程序能够实现互通互用的，从而制造、进口、分销、向他们提供规避技术措施的设备、产品或组件，或向他们提供规避技术措施的服务等行为，均不构成对著作权的侵犯，即构成例外。

[2] 值得注意的是，根据《新加坡著作权法》第261E（2）条的规定，对于261E（1）（b）、（c）、（d）中所提及的例外情形，只有规避接触控制措施时才不构成对261C（1）（b）条的违反。

外规定”的方式来排除该法第261C（1）（a）对某些特定版权作品的约束，但需要明确行为人的特定范围以及实施该规避行为的特殊目的。

《新加坡著作权（豁免作品）法令》曾于2005年制定，并于2006年、2007年、2008年、2012年、2017年和2020年[❶]多次修订。这种做法与美国三年期的发布豁免规则（例外规定）的做法类似。

（1）《新加坡著作权（豁免作品）法令（2005）》[❷] 的主要规定。

该法令规定，下列情形不构成对《新加坡著作权法》第261C（1）（a）条的违反，即可享受豁免、不被视为侵权行为：

① 第（a）款：任何含有被屏蔽的互联网网址清单的汇编。其中，“互联网网址”包含任何域名、统一资源定位址URL、数字互联网协议地址IP或其任意组合；而“被屏蔽的互联网网址清单”是指市场上的计算机过滤程序所封锁的网址清单，该过滤程序的目的是防止访问任何域名、网址或其任何部分，但并不包括以下由计算机程序所保护的网址清单：专门为防止损害计算机或计算机网络而运行的计算计程序；或专门为防止接收电子邮件而运行的计算机程序。

② 第（b）款：被软件狗所保护、因软件狗失灵或者被损坏且已经过时而导致访问被阻碍的计算机程序。而当这个软件狗已经停产或已经不在市面上销售，则被认为是过时的。

③ 第（c）款：任何计算机程序或电子游戏发行格式已经过时，且只能通过专门设计的原始介质或者硬件进行访问。这里过时的格式是指，如果计算机程序或电子游戏的内容，只能通过已经停产或已经不在市面上销售的系统或机器所感知，则应将其视为过时的格式。

④ 第（d）款：任何文学作品，以电子书的形式，且已经对所有电子版的书籍采用了控制访问的技术保护措施（包括那些帮助残疾人士的机构提供的任何数字文本），以阻止电子书朗读功能的运行，并且防止任何专

---

❶ 在多次的修改和更新中，由于部分版本的修改幅度不大，距今也较为久远，在此仅选取部分有典型意义的“法令”版本，就其内容择要介绍。

❷ 《新加坡著作权（豁免作品）法令（2005）》于2005年4月1日颁布，有效期为2005年4月18日至2006年6月30日。

门的辅助设备或电脑软件将文字转换成专门的格式。而这里特殊的格式是指：盲人用点字法、声音或数字文本，以及只供残疾人阅读的文本格式。

(2)《新加坡著作权（豁免作品）法令（2008)》[1] 的主要规定及变化。

与上一版（2005 年版）相比，该法令的主要变化在于，删除了第（a）款，新增了第（b）(ii)、(d)、(e) 等条款。

① 第（a）款，由原第（b）款的内容发展而来，规定为：被软件狗所保护、因软件狗失灵或被损坏且已过时而导致访问被阻碍的计算机程序。但对于判断软件狗是否过时的条件，则有所增加，更新为：已经停产，或已经不在市面上销售，或已经无法在市场上被维修。

② 第（b）款，由原第（c）款的内容发展而来，规定为："任何计算机程序或电子游戏，发行格式已经过时，只能通过专门设计的原始介质或者硬件进行访问。"其中，新增了"规避控制访问的技术措施是为了图书馆或者档案馆对已发表的数字作品进行保存或存档"的规定；但判断"过时的格式"，仍然是"如果计算机程序或电子游戏的内容，只能通过已经停产或已经不在市面上销售的系统或机器所感知，则应被视为过时的格式"。

③ 第（d）款，为新增条款，规定为："任何存于大学、理工学院、工业教育学院或任何其他的高等院校图书馆的电影胶片。而在这些大学、理工学院、工业教育学院或其他高等教育院校中，开设电影或者传媒研究课程的讲师或者是听从这些讲师指令的工作人员，通过规避控制访问的技术保护措施来汇编部分作品供课堂教学使用。"

④ 第（e）款，也是新增的，规定为："任何录音或者是电影胶片，它们以光碟的形式发行且受到控制访问的技术措施的保护。以控制从合法渠道获得录音或者电影胶片，规避这些录音或是电影胶片上的控制访问的技术措施是为了善意测试、调查或修复安全隐患或安全漏洞。"

(3)《新加坡著作权（豁免作品）法令（2012)》[2] 的主要规定及

---

[1] 该法令于 2008 年 12 月 18 日颁布，有效期为 2009 年 1 月 1 日至 2012 年 12 月 31 日。

[2] 该法令于 2012 年 12 月 21 日颁布，有效期为 2013 年 1 月 1 日至 2016 年 12 月 31 日。

变化。

与上一版相比，此次新增了（e）和（g）两个条款。

①第（e）款为："任何人通过善意规避控制访问的技术措施，以利用电影片段来进行批评、审查、新闻报道或是制作纪录片。"

②第（g）款为："任何用于必要或紧急系统中的计算机程序，规避用于这些计算机程序上的控制访问的技术保护措施只是为了更换或修复计算机程序这一单纯的目的。"

（4）《新加坡著作权（豁免作品）法令（2015）》❶的主要规定及变化。

与上一版相比，改动较小，主要是修改了第（c）款。一是将"帮助残疾人士的机构"，改为"帮助有阅读障碍人士的机构"，二是将"防止任何专门的辅助设备或电脑软件将文字转换成专门的格式"中的"专门格式"修改为"无障碍格式"，且删除关于专门格式的定义。

（5）《新加坡著作权（豁免作品）法令（2017）》❷的主要规定及变化。

与上一版相比，改动较大，修改了第3（b）、3（d）、3（g）等条款，新增了第3（e）款。该版本的"法令"值得我们充分关注和研究。

①第3（b）款，更新为："任何计算机程序或电子游戏，发行格式已经过时，且只能通过专门设计的原始介质或硬件进行访问；或者，计算机程序或电子游戏，只能通过一种过时的控制访问的技术保护措施下的认证程序进行访问，规避这种控制访问的技术措施是为了恢复它们的一般性用途。"还新增了以下规定："一种控制访问的技术措施被认为是过时的，当计算机程序或电子游戏的版权人或其授权人发表声明，表示终止支持相关控制访问的技术措施；或对控制访问的技术措施的支持已经不复存在，或者已经中断至少6个月且此后一直没有恢复。"

②第3（d）款，新增了对可以享受豁免的教育机构的解释，"豁免的教育机构"是指："下列所提及的或其他的学校、机构，它们提供：全日

❶ 该法令于2015年3月15日颁布，有效期是2015年3月31日至2016年12月31日。

❷ 该法令于2017年3月9日颁布，有效期为2017年1月1日至2020年12月31日。

制小学教育、全日制中学教育、全日制大学预科教育；大学；理工学院；根据《技术教育法案》（第141A章）第3条设立的新加坡技术教育学院；或其他高等教育院校。”

③ 第3（e）款，为新增条款，规定了在慕课中规避技术措施的例外情形。具体内容为：“合规的慕课制作人的雇员或职工，通过规避影片上控制访问的技术措施来获取影片内容，用于教育目的形成汇编，来制作在线公开的电影或者媒体研究课程。”

其中，“慕课制作人”是指“通过网络平台（无论是否也开设课程），制作大规模公开在线课程的非营利组织”，“合规的慕课制作人”是指“可以采取必要预防措施的慕课制作人”。

对慕课制作人来说，“必要的预防措施”的含义如下：其一，若是“慕课制作人也负责课程分发传输”，则是指下列所有措施，“在技术可行的范围内限制课程中使用的每一部电影向学生的传播；制定符合著作权法规定的政策；向教职人员、学生、雇员以及其他工作人员提供有关新加坡著作权法的资料；运用技术措施，防止学生在课程中保存的每部电影胶片的时常超过课程总时长，或是在未经慕课制作人授权的情况下将影片传播给他人”；其二，若是慕课制作人没有进行课程传输，则其应当核实传输课程的人是否采取了上述措施。

④ 第3（f）款，与上一版第（e）款的规定相同，为：“任何人通过善意规避控制访问的技术措施，以利用电影片段来进行批评、审查、新闻报道或是制作纪录片。”

⑤ 第3（g）款，与上一版第（f）款的规定大体相同，但新增了对“网络安全专业人员”的解释，即“在对任何计算机程序、以数码形式制成的其他题材的作品、录音或电影胶片，规避控制访问的技术措施时，在不违反其他成文法的情况下——网络安全专业人员或者按照他们的指令善意规避技术措施，并且用于网络安全研究”。其中，“网络安全专业人员”是指“在网络安全领域从事合法的课程研究，或受雇于该专业领域，或者在该专业受过适当训练或是有相关经验的人”。

⑥ 第3（h）款，与上一版第（g）款的内容相同，即“任何用于必要

或紧急系统中的计算机程序，规避用于这些计算机程序上的控制访问的技术保护措施只是为了更换或修复计算机程序这一单纯的目的”。

（6）《新加坡著作权（豁免作品）法令（2020）》[1]。

该版本与2017年版相比，内容未作实质性修改，延续其原有规定。

因此，现行的《新加坡著作权（豁免作品）法令（2020）》所规定的例外情形可归纳为以下8种：

① 被软件狗所保护、因软件狗失灵或被损坏且已过时而导致访问被阻碍的计算机程序[2]。

② 依赖于过时系统的计算机软件，此类软件或程序的更换或修复。

为防范制止盗版，许多软件发行商要求软件通过身份验证才能够正常运行，未经身份验证，软件的非法副本就无法正常运行。但在某些情况下，软件的发行商无法维护其软件所使用的身份验证系统，原因可能是因为该软件不再被支持，或者软件发行商已经破产倒闭[3]。结果是导致用户无法使用其合法获得的软件，他们也无法向软件的发行商寻求帮助。

《新加坡著作权法》允许在必要时复制或改编该软件。[4] 而《新加坡著作权（豁免作品）法令（2017）》也规定了三种例外情况，允许通过规避技术措施使软件能够正常使用[5]：其一，计算机程序依赖于一种已经损坏的或者有缺陷的且已经淘汰了的加密锁进行保护；其二，计算机程序或电子游戏的格式已经过时，并且只能使用它的原始介质或硬件进行访问；其三，只能通过已经淘汰了的认证程序来访问的计算机程序或电子游戏。此种例外在《新加坡著作权（豁免作品）法令（2020）》中得以延续。

③ 为实现或维护电子书的朗读、辅助功能等而为的规避。数字文本（尤其是电子书）可能对某些残障人士有帮助，因为辅助技术能帮助他们

---

[1] 这是新加坡最新颁布的、现行有效的“法令”，于2020年12月11日颁布，有效期为2021年1月1日至2024年12月31日。

[2] 其中，判断软件狗是否过时的条件是：已经停产、或者已经不在市面上销售、或者已经无法在市场上被维修。

[3] 众所周知，软件的更新换代是很快的。

[4] 参见《新加坡著作权法》第39条c。

[5] 参见《新加坡著作权（豁免作品）法令（2017）》第3（a）款和3（b）款。

欣赏这些文本。例如，阅读障碍者可以依靠语音朗读或者文本转语音功能来“阅读”电子书。但为了限制盗版，数字文本也会受到技术措施的保护，在某些情况下，这些技术措施可能会在无意中阻止辅助技术的正常工作。《新加坡著作权法》允许在必要情况下复制或改编软件，并在必要时复制已发表的作品，使之可供阅览。[1]《新加坡著作权（豁免作品）法令（2017）》中另有一项例外规定，允许规避任何技术措施，以防止朗读功能或者任何专门辅助装置或计算机软件不能正常使用。[2]

④ 为教育目的而使用电影、电视节目或其他视频中的片段而为的规避。视听作品，如电影、电视节目或其他视频，往往会成为盗版的目标。在发行视听作品（如在 DVD/BDs 和流媒体服务中）时为防止未经授权的访问或复制而使用技术措施是相当普遍的。但此类保护措施可能会使教授电影、传媒研究课程的教师感到不便，会阻止其提取电影等的相关部分供课堂教学使用。立法建议稿中曾提及，此项例外的原因在于，《新加坡著作权法》允许复制视听作品以供电影或传媒等课程的教学使用。[3]

⑤ 在慕课制作中为获取影片内容、片段等而为的规避。相关条款的具体内容为：“合规的慕课制作人的雇员或职工，通过规避影片上控制访问的技术措施来获取影片内容，服务于教育目的而制作视听作品的汇编，以制作在线公开的电影或者媒体研究课程。”这是《新加坡著作权（豁免作品）法令（2017）》新增的一种例外情形，允许必要时规避技术保护措施以制作视听作品的汇编，来供高等教育院校或者预科院校以及网络公开课使用。[4]

网络公开课（慕课）是一种完全有别于传统教学模式的、现今十分普及的教学模式，随着近几年全球新冠肺炎疫情等情势的发展和影响，可以说在某些区域、某些特定时期内成为主导性甚至是唯一的学习模式，因此，慕课制作、传播中对相关作品的访问、利用、汇编等，其中涉及的对技术措施的规避行为的性质，成为不容忽视的关键问题。因此，这一例外

[1] 参见《新加坡著作权法》第 39C 和 54（11）条。

[2] 参见《新加坡著作权（豁免作品）法令（2017）》第 3（c）款。

[3] 参见《新加坡著作权法》第 115A 条。

[4] 参见《新加坡著作权（豁免作品）法令（2017）》第 3（d）款和 3（e）款。

也在《新加坡著作权（豁免作品）法令（2020）》中得以延续。

⑥ 为批评或评论目的使用电影或表演等的片断而为的规避。新加坡的立法者在立法理由中提及，除电影和传媒研究等课程外，其他电影等视听作品的制作者也可能会受到影片中技术措施的较大影响，因为将电影或电视节目中的片段进行摘录用于纪录片中的批评、评论或新闻报道，都是很有用的。由于《新加坡著作权法》允许以批评、评论等为目的对视听作品进行合理使用，❶ 但合理使用例外的实现却被更普遍地依赖于视听作品的某些用途，❷ 为此，《新加坡著作权（豁免作品）法令（2017）》中包含了一项例外——在制作纪录片时，当需要获取一小部分的视听作品用于批评、评论或新闻报道等时，允许规避任何技术措施。❸ 这一例外被《新加坡著作权（豁免作品）法令（2020）》所延续。

⑦ 为调查并修复网络安全漏洞所为的规避。网络安全对于保护数字基础设施和数字资产（如个人数据）至关重要，然而，增强网络安全的工具或技术也可能属于技术措施的范围，因为它们可能被用于保护作品或其他对象中包含的信息，而这些工具或技术防止未经授权的访问、复制或修改这些作品或题材。这里可能导致的潜在问题在于，因为通过攻击和试图规避网络安全保护措施来测试这种保护措施的力度往往是有效的，甚至是必要的，因此，在《新加坡著作权（豁免作品）条例》中规定此类例外十分必要。《新加坡著作权法》也允许调查、研究和测试计算机程序，并允许在必要时复制或改编软件来修复错误。❹

因此，《新加坡著作权（豁免作品）法令（2017）》规定了一项例外条款——允许网络安全专业人员在不违反其他成文法的情况下，出于网络安全研究的目的，善意规避技术措施。❺《新加坡著作权（豁免作品）法令（2020）》延续了这一例外。

⑧ 为更换或修复关键系统或紧急系统中使用的软件所为的规避。计算

---

❶ 参见《新加坡著作权法》第 110 条。

❷ 参见《新加坡著作权法》第 109（3）条。

❸ 参见《新加坡著作权（豁免作品）法令（2017）》第 3（f）款。

❹ 参见《新加坡著作权法》第 39B 和 39C（2）条。

❺ 参见《新加坡著作权（豁免作品）法令（2017）》第 3（g）款。

机软件越来越多地被用于关键系统和应急基础设施上。与普通软件相同，在关键或紧急系统中使用的计算机程序也是被技术措施所保护的，比如为了保护计算机程序不被篡改等目的。《新加坡著作权法》允许在必要时进行复制或改编来纠正计算机程序中出现的错误。[1] 因此，《新加坡著作权（豁免作品）法令（2017）》和《新加坡著作权（豁免作品）法令（2020）》都包含了这一例外，允许在必要时规避技术保护措施，来更换或修理被用于关键或紧急系统中的计算机程序。[2]

三、简要评析

就国际公约而言，《视听表演北京条约》和《马拉喀什条约》都是旨在维持著作权人与广大公众（使用者）之间的利益平衡的公约，相关规定有助于实现使用者（受益人，包括视力障碍人士等弱势群体）在作品与信息可及性等方面的正常使用需求，因此在与禁止规避技术措施有关的限制与例外方面，比起其他国际公约有更为直接、明确、更具可操作性的规定，其进步性和特点十分鲜明。

美国是美洲国家中较早在国内立法中对技术措施保护予以规制的典型代表。其特点在于，一方面，对技术措施进行较周全、高水平的保护；另一方面，来自各方面的限制与例外之呼声不绝于耳，消费者权益保护也备受重视，因此，在立法规定“一般例外”的同时，兼有特别的每三年一次的“临时例外”机制，还多次尝试提交与数字媒体消费者权益密切相关的多项议案。笔者认为，美国对禁止规避技术措施的“临时例外”规定所采取的每三年一次的动态修订、更新机制，可谓一种比较灵活的做法，在应对新技术、新形势发展等方面具有一定的优势。2018 年临时例外规则的内容十分具体、细致，其中不乏可供我国参考、借鉴的内容，与数字消费者

[1] 参见《新加坡著作权法》第 39C（2）条。

[2] 参见《新加坡著作权（豁免作品）法令（2017）》第 3（h）款。

权益相关的法案中也有部分规定值得我国参考。[1]

再看欧洲地区。就欧盟而言，欧盟主要是在《欧盟信息社会版权指令》中对禁止规避技术措施的限制与例外作了较为集中、专门性的规定。除7种禁止规避技术措施的限制与例外以外，消费者（或用户）的个人隐私保护也成为一大限制或例外：对于能收集个人数据或信息的技术措施，当其存在于某种网络产品或者网络服务中时，须遵守相关法律关于个人信息（含隐私）等保护方面的规定，否则，倘若消费者以捍卫自身隐私、信息之目的为规避行为，不构成违法或侵权。笔者认为，欧盟这一项为捍卫消费者隐私利益而设的限制与例外，值得我国参考与借鉴。而在欧盟成员国中，德国对禁止规避技术措施的限制与例外的规定，在具体情形的数量上多于我国，可谓比较充分。

在亚洲地区，日本是一个典型国家。通过以上对《日本反不正当竞争法》和《日本著作权法》有关技术限制手段相关规定以及未来立法趋势的介绍，可知日本是技术限制手段严格保护的国家，而技术限制手段的例外规定相对比较少。不过，日本有关技术限制手段的规定也有值得借鉴的地方，例如对不享有著作权的作品，如果在其上采用了技术措施，破解该技术措施的消费者不构成侵权，只会追究提供规避控制使用的技术限制装置者的责任。通过《日本反不正当竞争法》规定技术限制手段，使对象不局限于作品，范围更广泛，更符合当前技术限制手段的使用情况。而技术限制手段的例外规定相对较少。

新加坡的规定颇具特色。其一，《新加坡著作权法》将技术措施区分为控制访问及控制使用的技术措施两类，并对不同的技术措施进行区别性对待，对三类与规避技术措施有关的行为设定了普遍性禁止，可见法律明确为技术措施提供了全面而有力的保护。其二，分门别类地规定了三大类针对技术措施的禁止规避的限制与例外情形，且种类十分丰富、齐全，源自各方面的考量，不仅有针对直接规避行为的例外，还有针对准备行为（即规避设备和规避服务）的例外。其三，采用了一种灵活应变的方

[1] 当然，在美国的立法过程中，“游说”行为以及各种利益集团的博弈可能会对最终结果产生或多或少的消极影响，需要辩证看待。

式——更新“著作权（豁免作品）法令”的形式——对一大类例外情形予以调整，以应对不断变化的现实需求，这一做法类似于美国国会图书馆每三年一次的定期审查、修订模式，具有一定的优势。其四，在设定例外情形的对象方面，新加坡不仅针对直接规避行为规定了例外情形，而且还对准备行为（规避设备和规避服务）规定了禁止规避的例外，这在世界范围内都是独具特色的，因为绝大部分国家或地区在明令禁止提供规避设备、规避服务的态度下，鲜少有针对准备行为设定例外、予以“法外开恩”的例子，这类准备行为向来被各法域视为重点打击对象。

笔者认为，以上部分国家或地区的相关规定和精神值得我们高度关注和研究。以新加坡为例。首先，新加坡上述的相关规定，对著作权人等权利人的权益保护与“例外”所体现的限制、平衡理念给予了较为充分的体现；其次，值得关注的是，对于几乎每一种重要的例外情形，新加坡均规定了相关的前提条件，并对某些重要术语的含义等作了明确界定，以避免具体适用中的模糊性与不便，这体现了较为细腻、精湛的立法技术。

第三节　完善我国禁止规避技术措施的限制与例外情形的建议

通过前文对国际公约和主要国家或地区就禁止规避技术措施的限制与例外方面的规定的介绍不难发现，我国对技术措施的保护水平相对较高，但在限制与例外以及消费者权益保护方面，并不能说体现或实现了较好的平衡。可以说，我国的总体保护水平过高，限制过少，对技术措施实施者权利的限制、法定义务与责任的规定均需加强，以遏制技术措施给消费者和社会公众造成的消极影响，抑制、缓解技术措施的负外部性。

笔者发现，在不少国家或地区，法律在保护技术措施的同时，消费者权益和福利受到了高度重视，技术措施的限制与例外呈现出不断扩充和完善之趋势，相关法律或政策经常被审视并予以及时更新。

我国作为《视听表演北京条约》和《马拉喀什条约》等公约的缔约

国，更应当履行相关国际条约所规定的义务，进一步扩充并完善我国的禁止规避技术措施的限制与例外制度，以切实维护消费者合法权益，实现著作权人与消费者之间的利益平衡。

在参考、借鉴国际条约及其他国家或地区相关规则的基础上，笔者认为，以下几种情形值得我们慎重考虑，是否需要纳入我国技术措施反规避保护的限制与例外制度中。以下将对具体的例外情形和相关理由展开分析。

一、可考虑增设基于合理使用目的的例外

自从对技术措施的保护被写入我国著作权法，例外情形就仅有 4 种情况，即使是在我国最新修订的著作权法中，禁止规避技术措施的例外情形也才新增到 5 种。从相关产业的实践情况来看，可以说，技术措施成为合理使用的巨大障碍，合理使用制度因此陷入困境乃至绝境。鉴于合理使用者制度举足轻重的地位，我国必须正视这个问题，探讨出有效解决两者冲突的方案。

笔者认为，在法律上明确合理使用与技术措施保护两者之间的关系，是最理想和最有效的解决之道。若是法律能增设以合理使用为目的的例外情形，将使得技术措施的限制、例外情形与合理使用的地位趋同，至少不会导致技术措施保护的地位高于合理使用制度的地位这种表象，也将有效解决长久以来的技术措施保护凌驾于合理使用之上、优于合理使用这一问题了。

我国是《视听表演北京条约》和《马拉喀什条约》的缔约国。这两个国际条约都规定，技术措施的采用不得限制合理使用的空间或范围。再看国外的规定，以法国为例。《法国知识产权法典》规定，技术措施的采用不得妨碍受益人依照法律规定所实施的对（著作权人的）权利构成限制的行为，受益人可以权利限制为依据来规避技术措施。可见，法国的规定非常明确地阐明了技术措施反规避保护与著作权权利限制之间的关系，即为了依法实施对权利人的权利限制之目的，受益人可以权利限制为由实施规避行为，构成例外情形。此处的“权利限制”显然包括合理使用，因为合理使用制度是若干种权利限制中最典型和最重要的一种，如此一来，合理

使用便不再受技术措施保护的限制或制约了。

法国法的相关规定和精神值得我国参考。当然，在考虑增设本项例外情形时，须设定较严格的适用条件，一方面要使合理使用制度的实施效果不至于因技术措施保护而大打折扣，另一方面也要适当兼顾技术措施实施者的利益，不宜将允许规避技术措施的范围扩展得过于宽泛。

二、完善出于保护弱势群体利益目的的例外

在对规避或破解技术措施有强烈、迫切需求的人群中，有一类群体特别值得我们高度关注和关心，那就是盲人、视力障碍者或者其他印刷品阅读障碍者。这是一个特殊群体，更是一个弱势群体。据世界卫生组织（WHO）估计，我国每年约有45万人失明，低视力者约有135万人，这意味着几乎每一分钟就会有一例新的盲人。截至2020年，我国的视力残疾人数已达到5000余万人[1]。面对如此庞大的视力障碍者群体，为了确保他们能比较方便地接触、获取、使用各种信息资源，我国法律也应当为其设定特殊优惠政策或机制。

在当今数字产品（含数字作品）充斥市场的信息时代，一方面是他们感知外界的独特方式及其对信息、对作品、对阅读的切实需求；另一方面与之形成鲜明反差的却是，能以特殊方式感知、能满足其“阅读”需求的作品在市场上十分稀缺，若从信息公平——尤其是获取信息的平等机会——的角度审视，他们特别需要能享受相关特殊待遇。

目前，在技术措施反规避保护的例外规则方面，我国现行法仅有《信息网络传播权保护条例》（以下简称《条例》）第12条第2款作了相关规定，即：“不以营利为目的，通过信息网络以盲人能够感知的独特方式向盲人提供已经发表的文字作品，而该作品只能通过信息网络获取。”

所幸的是，在我国现行《著作权法》第50条关于禁止规避的例外情形中，第（2）项即是“不以营利为目的，以阅读障碍者能够感知的无障

[1] 资料来源：http：//www. yxtvg. com/toutiao/5139512/20180212A0S2YD00. html.

碍方式向其提供已经发表的作品，而该作品无法通过正常途径获取”。

可以说，上述《条例》和现行《著作权法》为盲人或其他阅读障碍者这一特殊群体规定了例外和豁免，是一大福音。不过，值得注意的是，现行法律法规能发挥作用的空间较为有限，相关立法仍有待完善。将上述《条例》与现行《著作权法》的规定进行对比，后者的进步十分明显。

其一，依据《条例》能享受豁免或例外的受益人仅限于盲人，并未惠及视力障碍者或其他印刷品阅读障碍者，范围较为狭窄，需要拓展，而现行《著作权法》的规定是“阅读障碍者”，惠及的群体更广泛，是一大进步。

其二，关于提供方式，《条例》的规定是仅限于“通过信息网络”的“提供”方式，那么，类似用U盘等存储设备拷贝有声书、音频、视频资料等无须通过信息网络进行的提供、赠予等行为，是否就不符合该条款规定的条件、不允许规避技术措施？如此规定是否合理？同时，现行《著作权法》所规定的“以阅读障碍者能够感知的无障碍方式”的涵盖性更强，只不过，有哪些具体方式是被允许的，尚待进一步明确或研究。

其三，《条例》规定，能提供的对象仅限于“文字作品”，作品种类过于单一，而现行《著作权法》的规定是“已经发表的作品”。

其四，盲人或其他阅读障碍者能否求助于他人、由他人提供规避设备或规避服务以实现规避目的？对此种行为，法律是否允许？这一点不够明确。从《条例》规定的字面意思仅能推测，在不以营利为目的通过信息网络向盲人以特定方式提供特定作品时，是可以规避技术措施的；但是，法律允许谁来实施规避行为？实施规避行为的主体是否仅限于该提供者？还是说，盲人自己也可以实施（且不论是否可行），或者，可以由盲人或该提供者委托他人提供规避设备、工具或者提供规避服务？而从现行《著作权法》的规定看，“不以营利为目的，以阅读障碍者能够感知的无障碍方式向其提供已经发表的作品，而该作品无法通过正常途径获取”，其中的“无法通过正常途径获取”语义也是模糊的：何为“正常途径”，该途径是否包括有偿方式获取、免费获取？

由上可见，尽管现行《著作权法》已将该项例外的受益人范围扩展至

"阅读障碍者"[1]，但仔细推敲，我国现行《著作权法》的规定仍有待完善。建议我国《著作权法》将更多的关注投射在阅读障碍者和听力障碍者等弱势群体身上，考虑为他们创设专门的例外规定，以增强其对作品等各种信息的可及性。

实际上，《日本著作权法》第37条即体现了对视觉障碍者和听觉障碍者的关切，并为这两类人设置了对著作权的权利限制。[2]

三、增设为保护消费者及社会公众个人信息（含隐私）等权益的例外

基于技术措施自身的特殊性和专业性，著作权人自行实施或委托他人实施的技术措施往往"身兼数职"——既能收集消费者的个人信息，又能

---

[1] 我国《著作权法》第三次修订显然是受了已生效国际条约《马拉喀什条约》相关规定的影响。作为一个重要的国际条约，《马拉喀什条约》在涉及禁止规避技术措施的例外时，将享受豁免的受益人规定为"盲人、视力障碍者或者其他印刷品阅读障碍者"。

[2] 《日本著作权法》第37条第3款规定："按照政令规定从事有关视觉障碍者或者其他通过视觉认识表现存在障碍者（本款以下以及第一百零二条第四款称为视觉障碍者等）福利事业的人，对于已经公开发表的通过视觉可以认识其表现的方式（包括视觉和其他知觉可以认识的方式）向公众提供或者提示的作品（包括该作品中被复制的作品，以及和该作品一起向公众提供或者提示的作品。本款以下以及同条第四款中称为视觉著作品），在专门为了供通过此种方式使用视觉作品存在困难的视觉障碍者使用的必要限度内，可以通过将有关视觉作品的文字转换成声音的方式或者其他视觉障碍者可以使用的必要方式，进行复制或者自动公众传播（包括传播可能化）。"

《日本著作权法》第37条第2款规定："按照政令规定从事有关听觉障碍者和其他通过听觉认识表现存在障碍者（本条以下以及下一条第五款中称为听觉障碍者）福利事业、并且分别符合下列各项使用的人，对于已经公开发表的通过听觉可以认识其表现的方式（包括听觉以及其他知觉可以认识的方式）向公众提供或者提示的作品（包括该作品中被复制的作品，以及和该作品一起向公众提供或者提示的作品。本条以下称为听觉作品），在专门为了供通过此种方式使用听觉作品存在困难的听觉障碍者使用的必要限度内，可以从事下列任何一种行为。但是，在听觉作品经过著作权人或者经过其许可的人，或者获得了第七十九条规定的出版权的人采取听觉障碍者能够使用的必要方式向公众提供或者提示听觉作品的情况下，不在此限。（一）采取将有关听觉作品的声音转换成文字或者其他听觉障碍者可以使用的必要方式，进行复制或者自动公众传播（包括传播可能化）。（二）为了专门用来向听觉障碍者出租之用而进行复制（但限于采取将有关听觉作品的声音转换成文字的方式或者其他听觉障碍者可以使用的必要方式和声音一起进行的复制）。"

以上规定参见《十二国著作权法》翻译组．十二国著作权法［M］．北京：清华大学出版社，2011：724－725.

自动反馈相关信息，还能控制消费者或社会公众对作品的访问和/或使用。技术措施的广泛应用对消费者个人信息（含隐私）安全造成了威胁，技术措施经常在消费者未察觉的情况下，畅通无阻地收集个人身份信息、消费信息、浏览信息等，从而侵入消费者的隐私地带。

为帮助消费者及社会公众有效抵制技术措施的上述非法行为，美国、新加坡等国在法律中明确规定了一类专门的例外，即允许为了保护个人信息（包括隐私）的目的规避技术措施；同时，该项例外情形的构成须满足特定的条件。这样的立法安排充分体现了利益平衡精神。

例如，美国的相关规定为：其一，若技术措施或其保护的作品具有收集或传播试图获得该作品的自然人的网上活动以及个人信息的功能；其二，若正常运行时，技术措施或其保护的作品收集或传播试图获得该作品的自然人的个人信息，但又不向该自然人提供存在此种收集或传播行为的显著通知，也不使其具备阻止或制止此种收集或传播行为的能力。在这两种情形下，允许该自然人避开技术措施。

当然，在为了保护个人信息（包括隐私）而允许规避技术措施时，美国 DMCA 法案同样也规定了限制性条件：（1）被允许的规避行为仅能用于识别和停止具有收集或传播自然人的网上活动和个人信息的功能的技术措施或其保护的作品，而不能对任何人获得作品的能力产生影响；（2）被允许的规避行为仅能用于阻止收集或传播试图获得该作品的自然人的个人信息，同时该规避行为未违反其他法律。

又如，《新加坡著作权法》在第 261D 条列举了若干允许规避技术措施的例外情形，其中第 2 项规定为，“对能够收集或传播个人身份信息，并反映个人上网习惯的技术措施，若未向使用者做出明显通知的技术措施，仅为确定和禁用此类技术措施的目的而实施的规避技术措施”。

笔者认为，出于现实情况的需要，我国也非常有必要增设为保护个人信息（含隐私）的目的而规避技术措施的免责条款，即一种新的例外。从我国相关法律的规定来看，技术措施的实施者对消费者信息的收集和利用应当遵循合法、正当、必要的原则并经该被收集者同意。

因此，我国立法可以考虑增设以下规定：倘若著作权人等技术措施的实施者利用技术措施或者在其保护的作品上收集或传播消费者个人信息（含隐私）或其网上活动的个人信息，在没有明确地提前通知消费者并且也未提供阻止或制止此种收集或传播行为的途径或方法的情况下，消费者可以规避该技术措施或相关作品。

四、增设为保护未成年人合法权益的例外

有些国家在法律中明确规定了为保护未成年人合法权益而允许规避技术措施这一例外情形，如《新加坡著作权法》。

笔者认为，这一例外情形的意义重大，应当增设。在法律中认可并增设这一例外情形，无论是从维护广大的未成年人群体的切身利益，还是从抑制技术措施的消极后果等方面，都是大有裨益的；而且，还有助于推进我国《未成年人权益保护法》的实施，多部法律相互配合，实施效果才会更好。

毕竟未成年人现今受到海量信息冲击和影响的程度较深，信息时代对教育方式的影响也是根本性的，未成年人接触电子设备和各种数字信息的机会激增，但与此同时，他们又是对各种负面东西最缺乏辨识力、判断力、抵抗力和自救力的群体，需要受到特别保护。因此，在技术措施的运行过程中一旦出现对未成年人产生不利影响的情形，就应当允许他人为了保护未成年人合法权益的目的而“合法”规避该技术措施。

五、可考虑增设合理使用的例外

一般认为，个人使用仅仅局限于个人或者其家庭范围内的使用，并不涉及未经许可的传播行为，在不少场合都可能构成“合理使用”，因此，对于合理使用与技术措施反规避保护之间的关系，应当在我国法律上进一步予以明确，即为合理使用的目的而实施对技术措施的规避行为时，是否应构成侵犯著作权的一种法定例外，还是说，个人使用、合理使用都不能构成规避技术措施的例外情形。

对于这一问题，不同国家或地区有不同的做法或看法。

（一）日本的相关规定

从日本的立法来看，《日本著作权法》在“著作权的限制”部分，规定了“私人目的的复制”，作为对著作权的一项限制与例外。该法第30条规定：

第一款：为了在个人、家庭或者其他类似的有限范围内使用（以下称为私人目的），除下列情形之外，使用者可以复制作为著作权客体的作品（本小节以下简称为作品）。（一）使用供公众使用而设置的自动复制机器（指具有复制功能，并且其装置的全部或者主要部分已经自动化了的机器）进行复制。（二）可能避开（指删除或者改变作为技术保护手段的信号（由于技术限制原因随着储存或者传播方式的改变而发生的删除或者改变除外），其结果使该技术保护措施预防的行为可能发生，或者使该技术措施不能再发挥阻止控制的行为发生的作用。第一百二十条之二第一项和第二项的规定相同）技术保护措施、并且明知避开的结果会使该技术保护措施无法发挥阻止控制的行为进行的复制。❶

可见，日本的上述规定虽然承认私人目的的复制是为法律所允许的，构成对著作权人权利的限制，但该条第1款第（2）项的规定却又明确否定为实现私人目的的复制且明知避开将导致技术措施失效而为的规避行为的合法性。

（二）瑞典的相关规定

在瑞典，除其他明确规定的例外情形外，合理使用例外构成另一类法定的重要限制。

根据《瑞典文学和艺术作品版权法》第52f条的规定，这种合理使用的具体情形有4项：（1）特定档案馆和图书馆复制件的制作与发行（第16条）；（2）为残障人士等进行的复制（第17条）；（3）为公开讨论和获取

❶ 《十二国著作权法》翻译组．十二国著作权法［M］．北京：清华大学出版社，2011：719－720.

官方文件而使用作品（第 26 条、第 26a 条）；（4）关于广播组织的特别规定（第 26e 条）。在这 4 种情形下，允许相关主体规避作品上所设置的技术措施。

当然，上述关于合理使用例外的条款，其适用也有前提条件的，具体如下：第一，为合理使用而规避技术措施的前提是，合理使用人需合法取得上述规定的受保护作品的复制件，因为该例外并不意味着免费提供作品；第二，不适用于按照约定的协议向公众提供的作品、表演或录音制品等，使公众能在其选定的地点和时间接触该作品；第三，该例外仅适用于第三人直接规避控制使用的技术措施的场合，不适用于规避工具的“非法交易”等准备行为。

（三）法国的相关规定

《法国知识产权法典》第 L331 – 5 条第 5 款规定，“技术措施的设置不能对法律规定或权利人许可的权利限度内对作品或制品的自由使用造成限制”。这一条款明确指出，技术措施的设置或应用须受到限制——不得对“法律规定或权利人许可的权利限度内对作品或制品的自由使用”造成限制。不过，略有遗憾的是，倘若技术措施的设置或应用对上述自由使用权限造成了限制，相关主体是否就因此有权对技术措施予以规避，以实现自己的自由使用权限呢？对这一问题，法律似乎未作出明确回答。

可见，日本、瑞典和法国对基于合理使用目的而规避技术措施的行为之法律评价，是存在较大差异的。笔者认为，鉴于著作权合理使用制度的价值与技术措施反规避保护两者之间的对立与差异，我国可以在对构成合理使用的若干典型情形进行梳理、分析和分类的基础上，根据需要，将部分构成合理使用情形的典型行为规定为反规避保护的例外情形。

六、可考虑增设“慕课”例外

如前所述，新加坡在 2017 年修订《新加坡著作权（豁免作品）法令》时，新增了关于慕课例外的规定，该法令第 3（e）款规定了在慕课中规避技术措施的例外情形。具体内容为："合规的慕课制作人的雇员或职工，通过规避影片上控制访问的技术措施来获取影片内容，用于教育目的形成汇编，来制作在线公开的电影或者媒体研究课程。"

其中，"慕课制作人"是指"通过网络平台（无论是否也开设课程），制作大规模公开在线课程的非营利组织"，"合规的慕课制作人"是指"可以采取必要预防措施的慕课制作人"。

对慕课制作人来说，"必要的预防措施"的含义如下：其一，若是"慕课制作人也负责课程分发传输"，则是指下列所有措施："在技术可行的范围内限制课程中使用的每一部电影向学生的传播；制定符合著作权法规定的政策；向教职人员、学生、雇员以及其他工作人员提供有关新加坡著作权法的资料；运用技术措施，防止学生在课程中保存的每部电影胶片的时常超过课程总时长，或是在未经慕课制作人授权的情况下将影片传播给他人。"其二，若是慕课制作人没有进行课程传输，则其应当核实传输课程的人是否采取了上述措施。

笔者认为，无论是新加坡2017年修法时新增的慕课例外，还是美国近几年热议的慕课制作中的规避例外或者电影类课程中的规避例外等问题，又或是我国台湾地区近期在所谓"著作权法"修订过程中提出的将传统教学的豁免范围延伸至"远程教学"的新增条款，无一不反映了近年来在各国家或地区，技术措施的应用与反规避保护对慕课、在线课程、远程教学等教学方式中对相关作品利用所造成的障碍。

事实上，我国也面临着类似问题。受新冠肺炎疫情影响，许多学术交流、教学活动都由线下改为采用线上方式，避免人员聚集，慕课的发展也达到前所未有的规模化程度，笔者认为，在一定条件下承认慕课作为技术措施反规避保护的一种例外，实为推崇之举。

七、可考虑增设针对技术措施滥用行为的例外

前文已提及，在实践中，技术措施被不当利用或者滥用的情形是比较常见的。技术措施的滥用行为，常常给消费者及普通公众在若干方面造成

较大的消极影响，法律必须采取有效措施予以遏制。

笔者认为，既然对技术措施的反规避保护是为著作权或邻接权的保护服务的，一旦技术措施的实施或利用背离了这一目的或者超出了合法、正当性的范围和程度，那么法律对其的保护自然就失去了意义。此时，受到该滥用行为侵害或不利影响的主体（消费者或普通公众），理应有权对技术措施说“不”，在法律上也应当有权采取相应的私力救济手段，这些手段中当然能包括该主体对相关技术措施的规避行为。当然，在此种情况下，规避行为的目的应当仅限于消解由技术措施滥用所导致或者可能导致的损害或消极后果，而且一个重要前提是，享受此种例外的主体必须有充分证据证明技术措施实施者对技术措施的滥用行为。

一般来说，较典型的技术措施滥用情形主要有以下几种：（1）在不受版权保护的作品（包括版权保护期已届满的作品）或其他材料之上采用技术措施，意欲侵占公有领域的部分领地，实现事实上的封锁和垄断性利益。（2）之前的技术措施实施行为是合法的，但在版权保护期届满后仍继续利用技术措施有效地控制相关作品。（3）实施技术措施的目的并非保护版权或相关权，而是实现其他不正当目的，如侵犯消费者的隐私权、非兼容性、区域控制、捆绑销售、限制交易等。

笔者认为，我国在修改相关法律时，可以考虑将以上列举的若干典型的技术措施滥用行为中的其中几种，尤其是最严重和最需要遏制的行为，纳入增设的该项例外情形中去，并作为该项例外成立的前提条件。至于哪些滥用行为应被纳入该项例外，就需要在评估完各种滥用行为的后果严重性、打击必要性之后再作决定了。

八、可考虑适当增设禁止间接规避行为的例外

应当说，以上各项均是针对禁止实施直接规避行为的限制与例外，即在哪些情况下允许实施直接规避行为；而该项所涉及的是“准备行为”的例外。笔者将对作为部分国家打击重点的间接规避行为（即准备行为）的例外问题展开分析。

众所周知，我国法律法规至今尚未对禁止实施间接规避行为的规则明确作出任何例外性规定，似乎间接规避行为是任何时候均不能也不应当获得赦免的“大罪”。无论是《著作权法》(2010 年版)、《信息网络传播权保护条例》，还是现行《著作权法》(2020 年版)，都找不到关于允许实施间接规避行为的只言片语。可见，我国目前只允许少数例外情形下的直接规避行为，对间接规避行为则是采取绝对禁止的态度。

然而，与上述态度形成鲜明对比的是，在新加坡等少数几个国家，却在其著作权立法中作出了允许实施间接规避行为的例外性规定。笔者认为，在考察我国实际情况和需求的基础上，我国法律完全可以考虑增设允许针对技术措施实施间接规避行为的例外情形。当然，相关条款的内容及其具体适用均需要有严格的限定条件。

笔者认为，增加有关禁止间接规避行为的例外规定的必要性和主要原因在于以下三个方面。

(1) 我国对间接规避行为的禁止性规定似乎过于笼统和绝对。我国法律法规在禁止间接规避行为时，是十分笼统、偏绝对化的规定方式，既不要求唯一用途或主要用途是规避技术措施，也未要求提供规避服务或规避技术的行为是经常性的、商业性质或营利性的。这种粗放式的规定必然会导致对间接规避行为的打击面设定得过于宽泛，极大地限制了有规避需求(尤其是有合法正当的规避需求) 的主体努力实现其正当权益的可能性。

(2) 我国确实存在特定情况下对技术措施“解锁”的迫切需求但自身不具备相应的规避能力，且在寻求相关救济后无果，不得不转而求助于专门的规避设备或规避技术 (服务) 的群体。他们的合法正当需求同样不容忽视。

(3) 特殊群体包括但不限于以下几种：教学科研人员、阅读障碍人士、执法机关等国家机关、安全测试机构等。例如，对于盲人或其他阅读障碍者而言，其本身需要通过无障碍版本的作品才能“阅读”作品，对他们而言，阅读尚且存在障碍，又怎能指望或希望他们自身即具备规避相关技术措施的能力呢?

因此，笔者建议我国立法中增加允许实施间接规避行为的相关规定，使得有迫切需求或特殊需求而且出于正当、合法目的的主体能够切实地从例外规则中受益。

除以上八种情形，我国还可以根据现实情况需要和实际调研情况，考虑对以下几项例外情形的必要性和可行性予以论证，包括：智能手机（移动电话）的越狱与解锁，毕竟手机是对消费者福利影响较大的产品。

最后，值得注意的是，我国在完善技术措施反规避保护的限制与例外制度的过程中，应当妥善处理以下几种关系：一是与合理使用制度的关系。二是与消费者权益保护的关系，尤其是涉及隐私保护、个人信息保护、捆绑销售、地区控制等问题时。三是与个人使用（私人利用）的关系等。

第四节 明确设定技术措施的保护期限

一、技术措施保护期限问题的现状

一直以来，我国现行《著作权法》仅明确规定了对技术措施的反规避法律保护，但对技术措施的保护是否设有期限限制这一问题，却无明确规定，学界也鲜有人论及。这就导致学界普遍认为，从直观上看，我国法律对技术措施的保护，似乎并无期限限制，进一步导致实践中对技术措施的过度保护。

技术措施保护的期限限制问题，不仅在我国法律法规中没有涉及，世界上不少国家或地区也未作规定。究其主要原因，是因为对技术措施的反规避保护从根本上源自著作权法对作品等客体的保护，若从逻辑上推断，自然应属于著作权保护的附属品或衍生品，既然著作财产权均有保护期限的限制，那么作为附属品存在的技术措施，自然也应受著作权保护期限的限制，才是理所当然的。不过，从实践情况来看，有时即使著作财产权的保护期限届满，部署在该数字产品（含作品）上的技术措施却丝毫没有松动迹象，技术措施的“锁定”似乎是恒久的，著作权人或出版商并无解锁的动力或激励机制，法律上也没有规定相应的解锁义务，造成了事实上技术措施保护不受期限限制的表象。

实际上，法律上的语焉不详，对现实中的实际操作是十分有害的。本章是对技术措施反规避保护的限制与例外问题的专门性研究，因此，除传统意义上的对禁止规避技术措施的限制与例外具体情形的研究外，技术措施保护的期限限制也应被纳入，成为一个重要组成部分。下面将从理论上深入分析该问题，并尝试提出相应的立法建议，希望能对我国未来的立法或修法有所裨益。

二、明确规定技术措施保护期限的必要性

（一）更好地实现与合理使用、公有领域等的协调与衔接

著作权法的立法本意是希望通过赋予著作权人经济利益，鼓励其公开传播和交流思想，并引入合理使用的理念让社会公众能获取新知识与新信息，方便社会公众使用作品，提供更广泛的信息获取途径，使不同的思想得以传播。合理使用是著作权限制制度的应有之义，其目的在于防止著作权人滥用权利，损害他人的学习、欣赏、创作的自由，妨碍社会科学文化技术的进步。

合理使用制度保障了社会公众的创作自由。创作活动都需要建立在前人智慧的基础上，没有前人作品的启迪，创作就如同无源之水。而对他人作品的利用，大大受益于合理使用制度的存在，该制度实质上是法律要求著作权人放弃一定的权利，作出某些牺牲，它不仅使借鉴他人作品成为可能，还使创作成本大幅降低，从而能起到激励创作的作用。

法律对技术措施的过度保护，扩大了著作权人的排他权，使合理使用的空间被剥夺或压缩。此时，降低对技术措施的保护强度就成了必然之举，而从期限的角度限制对技术措施的保护，避免因规定不明导致保护期过长从而形成事实的技术“锁定”效应，就成为首要应采取的措施了。

设置保护期限上的限制，能杜绝著作权人垄断经济利益的企图，使技术措施与合理使用相协调，并与公有领域相衔接，凡是被采用了技术措施的相关作品，一旦该作品享受的著作权保护期限届满，作品便进入公共领域；此时，附着于该作品之上的技术措施，其保护期限也随之届满，自然丧失了法律对它的反规避保护。如此，既能实现技术措施保护与公有领域的顺利过渡与衔接，又有利于技术措施保护与合理使用制度的协调。

（二）防止假借技术措施之名延长作品的保护期限

除精神性权利外，我国现行《著作权法》对著作财产权均规定了明确的保护期限，这是对著作权的一种时间限制。例如，我国《著作权法》第20～21条就规定了著作权的保护期限，但并未对技术措施的保护期限作明确规定。

实际生活中，有部分作品的保护期限已届满，但技术措施仍然附着于作品之上且能继续有效地发挥作用。类似现象将导致原本应进入公有领域的作品，却被严实地裹在技术措施的外衣之内部，社会公众仍然无法获取相关信息，从而变相延长了对作品的保护期限。

（三）保持与版权法本身的一致性

既然已经进入版权法的视野，技术措施就应当和其他受版权法保护的对象一样，也接受版权保护期限制度的统一安排。因为技术措施的诞生和使命，均是为著作权或邻接权的保护而服务的。技术措施保护在版权法中不具备独立的存在价值，它往往与受版权保护的作品相结合，充当版权"保护神"的角色。因此，对技术措施的保护自然不能也不应该超过法律对版权的保护，包括保护期限。

我国《著作权法》对著作财产权都规定了有限的保护期，一旦超过保护期即进入公有领域，技术措施自然丧失了其存在的必要性，若任由技术措施继续存在、发挥作用，将导致相关作品无法真正进入公有领域，进而违反《著作权法》的规定并造成对《著作权法》精神的背离。因此，理应明确技术措施的保护期限，尽快明晰相关权利与义务，以实现技术措施保护与版权法相关规定的一致性和协调性。

三、我国技术措施保护期限制度之构想

如何具体设计对技术措施的保护期限，这是一个存在争论的问题。学界主要有以下两种观点。

1. 技术措施保护类似于一种专有权，应为其设计独立的保护期限

有学者认为，只要不违背《伯尔尼公约》的最低要求，可以考虑对技术措施专门设计独立的保护期限。

然而，这种设计方案的问题在于，若技术措施的保护期与作品的版权保护期不一致，将导致法律上的冲突；即使将技术措施的保护期与作品的版权保护期规定为相一致，也并非一劳永逸，仍然存在问题——由于版权的保护期有多个不同版本，应用于作品之上的技术措施的保护期也不相同，因此，某一条具体的规定技术措施保护期限的法律规范，根本无法涵盖不同作品之上的不同技术措施的保护期限。例如，假设法律规定，技术措施的保护期是从该技术措施与该作品相结合时起算、至版权人死后第50年的12月31日止，倘若适用这一规则，则意味着技术措施与作品须同时产生，但现实生活中更常见的情况是，技术措施与作品并非同时产生，而是先有作品产生，后有技术措施被部署于作品之上。因此，在这种情况下，上述设计方案的规定便难以适用。

2. 技术措施具有依附性，其期限应当由其保护客体决定

如前所述，技术措施的设计和采用是为保护著作权和邻接权服务的，故其具有附属性、依附性，其期限也应当由其保护对象决定，要视保护客体的具体情况而定。

技术措施所保护的对象，既可能是作品，也可能是录音录像制品等其他客体，从保护对象所覆盖的作品的多寡看，既可能是某个单一作品（或录音录像制品），也可能是作品（制品）的集合或者集合性作品（制品），因此，技术措施的保护期限不太可能是一个整齐划一的时间跨度。以下分述之。

（1）倘若技术措施所保护的是单一作品（录音录像制品），单一作品的保护期限何时届满，技术措施的保护期就何时届满；当然，技术措施实施者主动解除或者授权他人解除技术措施的除外。因此，技术措施的保护期终止之日与其保护对象的保护期终止之日是完全一致的。

（2）倘若技术措施所保护的对象是集合性作品（制品）或者作品（制品）之集合，则要分两种情况来讨论。如果各个作品的版权保护期限都相同而且到期（届满）时间都是一致的，技术措施的保护期与作品的保护期就同时终止；如果各个作品的保护期限相同但到期时间不同，又或者是，如果各个作品的保护期限不同，到期日也有先有后，则建议技术措施的保护到期日以若干作品中最先到期的作品的到期日为准，技术措施的保护到期日应当与最早到期的作品的到期日相一致。可以说，技术措施的保护期之届满时间，由集合作品中保护期最先届满（到期）的作品决定，与最早到期而终止保护的作品同时到期。

若在版权法明确规定“技术措施的保护期限由被保护对象的版权保护期限来决定”的前提下，技术措施实施者仍然采用同一项技术措施去保护版权保护期不同或者到期时间不一致的集合作品，可以认为，此种行为是其对尚未到期作品的保护期限利益之放弃。

笔者认为，在上述两种设计方案中，第二种方案更好、更为合理，也更具有可操作性。不过，具体设计方案还需进一步细化和完善。

第五章　技术措施实施者的法定义务与法律责任

第一节　施加法定义务及责任的正当性与必要性

一、承担相应的法定义务与责任是享受权利的对价

技术措施的采用者既可能是相关著作权权利人（含邻接权人），也可能是接受相关权利人委托的受托人。但即使是受托人实施或采用了某种技术保护措施，该受益人仍然是相关权利人。相关权利人在依据法律享受自身权利——包括著作权和禁止他人规避技术措施的权利——的同时，根据权利义务相对等的法律原则，其自然也应依法承担相应的法律义务和法律责任。

二、施加法定义务与责任是有效预防技术措施被滥用的机制

目前我国法律仅规定了权利人有权采用技术措施，但未规定相应义务，技术措施在现实中被滥用的情况时有发生，须引起警惕。

例如，在我国首例涉及技术措施规避侵权的著作权案件——北京精雕科技有限公司诉上海奈凯电子科技有限公司侵害计算机软件著作权纠

纷案[1]中，计算机软件著作权人为实现软件与机器的捆绑销售，将软件运行的输出数据设定为特定文件格式，以限制其他竞争者的机器读取以该特定文件格式保存的数据，从而将其在软件上的竞争优势扩展到机器上。由于原告在软件上采用的技术措施并非为了保护自身的作品，而是为了限制竞争，因此并不属于我国《著作权法》所规定的著作权人为保护其软件著作权而采取的技术措施。鉴于原告采用技术措施的目的缺乏正当性，该案最终判决被告并未侵害原告的著作权。

若在法律中明确规定技术措施实施者应承担的相应的法定义务和法律责任，一方面将形成有效防止相关权利人滥用技术措施的重要防御性机制，另一方面将为相关作品使用人、广大社会公众或消费者在合理使用相关作品（或制品）、接触作品等方面提供极大的助力和便利，使合理使用、正当接触相关作品、获取信息等正当需求以及法律上的“限制与例外”规定得以真正实现，而不至于成为空话。

三、明确法定义务与责任有望抑制乃至克服有限列举及封闭式立法的局限性

目前，在对技术措施的限制方面，我国仅在法律中规定了十分有限的几种特殊情形，作为禁止规避技术措施的限制与例外。即便是在我国最新修正的《著作权法》中，也仅规定了5种限制与例外的情形，不仅是有限列举的方式，而且是封闭式的规定。

不难预见，当现实生活中出现新的情形，有必要增设作为限制与例外的情形时，唯有修法这一路径，此时，列举式封闭性立法的僵化弊端无疑将显露出来。

因此，笔者认为，我国应考虑增设技术措施实施者在采用技术措施时的相应法定义务及责任，以此预防相关产品或服务提供者（权利人）不合理利用甚至滥用技术措施的行为，避免造成其与消费者（使用者）之间权

[1] （2006）沪高民三（知）终字第110号判决书。

利义务不对等的失衡状况，达到维护消费者合法权益的目的。

四、明确法定义务与责任是确保合理使用、限制与例外等得以实现的重要实施机制

在著作权法中，合理使用制度本身即是对著作权主体权利的一种限制，然而，在合理使用的场合，广大的对作品有使用需求的主体如何才能确保合理使用的情形得以实现，而不是一句空话呢？我们需要一些具体机制来弥补使用者在技术能力等方面的弱势地位，使其能合法地借助某些机制真正地实现合理使用的目的。其中，对技术措施的采用者在特定条件下施加法定的义务或责任，即是十分重要的一环。

第二节　信息披露义务

一、信息披露义务对于维护消费者知情权的不可或缺性

1. 信息披露义务首先是维护消费者知情权、提高透明度的必然要求

在这个令人眼花缭乱、应接不暇的数字产品世纪，消费者的知情权与技术措施所导致的限制之透明度（披露）问题已然被提升至一个全新的高度。在购买某产品之前想要了解尽可能多的信息——尤其是包括由技术措施导致的对数字信息内容的各种使用方式的限制，或者对产品本身使用的限制——已经成为广大消费者的普遍期待，也是一种合理的期待。我们显然可以理解，为何社会公众要求对技术措施所导致的各种限制进行披露或清晰告知。这些都会影响到消费者的购买决策，披露的程度也将影响消费者对相关产品的价值评估、使用体验和满意程度。

然而，现实情况却是，鉴于消费者与生产、销售商技术力量对比悬殊以及信息不对称等原因，在版权作品的相关商品或服务中采用了技术措施

的情形下，消费者单纯依靠自身力量通常是无法获知——至少在购买或使用前不能提前获知——有关技术措施方面的限制或控制的；而且，即使是在购买后试图破解或规避技术措施、摆脱技术措施的相关束缚，也是有心无力。因此，对技术措施的实施者（采用者）施加对技术措施等的信息披露义务，是确保消费者知情权等权益的重要手段，是十分必要且重要的。

实践中业已发生因缺少对技术措施的信息披露而引发的诉讼。2001年，在德国发生的一起诉讼案件中，某用户购买了被著作权人实施了技术措施的光盘后，发现该光盘既不能在自己的计算机上播放，又不能进行复制，该用户遂向在慕尼黑的检察院提起了对德国某大型音乐公司（Bertelsmann Music Group，BMG）的刑事诉讼。这个貌似不合情理的诉讼，把对作品采取了保护性技术措施的著作权人卷入了刑事调查中❶。

无独有偶，2005 年美国也发生了一起有名的案件——索尼 BMG（现为“索尼音乐娱乐”）CD 丑闻案。这也是一个典型的未对技术措施予以披露从而损害了消费者权益的事件。在该案中，索尼公司为了限制消费者的复制行为，在其发行的 CD 中采用了 Extended Copy Protection 等版权保护技术。恶劣的是，该技术措施中还包含名为 Rootkit 的木马后门程序，该后门程序打着限制 CD 拷贝及转换为其他格式的旗号被隐藏于 Windows 操作系统的深处，在消费者毫不知情的情况下自动收集用户的 IP 地址，实时监测掌握音乐作品的使用情况并发送给 Sony BMG 公司。当时，有数千名计算机用户在不知情的情况下其计算机系统受感染、侵袭。软件工程师 Mark Russinovic 于 2005 年 11 月向公众揭露了该后门程序，消费者便在全美多个州的地方法院提起针对 Sony BMG 公司的集团诉讼。最终，Sony BMG 公司与消费者达成以下和解协议：（1）消费者返还每张含有 DRM 技术的 CD，可获得 7.5 美元的赔偿，并可从 Sony BMG 提供的 200 张唱片中免费下载一张专辑；若不选择现金赔偿，则可免费下载 3 张专辑。（2）承诺日后生产的 CD 唱片不再使用对用户计算机构成威胁的版权保护软件；如若使用与此有关的类似软件，也应首先获得用户同意。（3）向用户提供安全删除

❶ 马琳．德国著作权法中的私人复制与反复制问题［J］．法商研究，2004（4）：113.

该后门程序的软件❶。

权利人在作品相关商品或服务中采用的技术措施通常对消费者对作品的接触、使用和传播等实现了有效控制或限制，但往往未明确标示其所采用的技术措施的相关信息或运行特征等具体内容，这就导致消费者在购买时并不清楚相关商品或服务是否采用了技术措施、采用了何种技术措施，其特征是什么、会如何发挥何种限制作用，而只能在事后的使用或者试用中才能体会或了解到具体情况。然而，值得高度关注的是，是否采用技术措施、采用何种技术措施以及兼容性问题等，通常却是影响消费者做出购买决策的重要因素。如若缺乏明确的信息披露，欠缺有关技术措施的信息说明或标示，消费者根本无从知晓，这自然将损害消费者的知情权。当类似情形发展到一定程度时，在某些国家引发消费者运动也不足为奇了。

我国的《消费者权益保护法》第 8 条规定了消费者的知情权——“消费者享有知悉其购买、使用的商品或者接受的服务的真实情况的权利。消费者有权根据商品或者服务的不同情况，要求经营者提供商品的价格、产地、生产者、用途、性能、规格、等级、主要成分、生产日期、有效期限、检验合格证明、使用方法说明书、售后服务，或者服务的内容、规格、费用等有关情况”。技术措施在性质上属于在商品上（或服务中）采取的限制性措施，也与商品的用途、性能、使用方法等密切相关。笔者认为，应当在相关立法中增设技术措施采用者（往往是生产商或销售商）对技术措施的信息披露义务（通知或告知义务）的相关规定，通过附加明确标识使消费者充分了解技术措施的特性，保障消费者的知情权。

2. 信息披露义务是一直以来产品的生产销售商应尽的基本义务

无论是对于传统产品还是数字产品，明确、适当的信息披露义务都是产品的生产销售商一直以来应尽的义务。何况，其对自己生产或销售的产品还有法定的瑕疵担保义务，而部分技术措施本身可能构成一种使用上的瑕疵，有的甚至将导致用户（消费者）的财产损害或无形损失。

上述商家若对产品的技术措施相关信息予以披露，还能使其避免因未

❶ 429 F. Supp. 2d 1378；2006 U. S. Dist.

尽披露义务而承担相关责任。产品评价、消费者服务评级和新闻媒体报道等方面也会对消费者起到相关的告知、提示或警示作用。

3. 要求向消费者披露技术措施相关信息，还能促进有意义的市场竞争

在要求商家披露与技术措施相关的信息的情况下，竞争将会在有技术措施限制与无技术措施限制、技术措施设限多与技术措施设限少的企业或产品中产生。即便在没有竞争的情况下，电子媒介产品的生产商也会因为这一对技术措施的披露要求而影响其决策，比如是否需要嵌入（采用）技术措施以及嵌入多少技术措施。当法律越是倾向于要求产品生产销售商披露更多的技术措施设限时，商家一般会越是倾向于不在相关产品中嵌入技术措施。

综上所述，鉴于对消费者权益的关切以及促进竞争等附带效应，商品或服务的提供者理应在合适的场合、以适合的方式对相关商品或服务中技术措施的采用等重要信息进行披露，此种披露应当是明确的，可以采用通知或告知等方式。

二、他山之石：部分国家或地区的相关规定

（一）欧盟的相关规定

欧盟2011年通过的《欧盟消费者权利保护指令》（Directive 2011/83/EU）在前言第19段、第5条和第6条明确规定了版权作品的经营者对技术措施的告知义务。

除了一般性信息义务外，经营者还应当告知消费者关于数字内容的运行方式，必要时还应告知这些数码内容[1]之间的兼容性。数字内容的运行方式，是指应当如何使用数字内容，比如为了使消费者能够理解并操作；同时也应考虑到是否存在技术上的限制，比如可能通过数字化的权利管理

[1] “数码内容”是指那些以数字化形式制造并提供的数据，比如计算机程序、应用程序（App）、游戏、音乐、视频或文本等，而不取决于它是以下载还是实时播放（流）的形式，或是以有形数据载体还是以其他形式取得的。

或是区域码予以保护等。重要的“兼容性”问题，是指与数字内容兼容的、关于硬件与软件的标准型环境的信息，比如运行系统、必要的版本以及硬件的特定属性。可见，欧盟的上述规定，对相关经营者的信息披露、通知或告知义务作了比较明确、具体的要求，希望能通过告知消费者数字产品（作品）的运行方式和兼容性等相关信息，保障消费者的知情权。

（二）美国的相关规定

1.《美国数字媒体消费者权利法》的规定

《美国数字媒体消费者权利法》对“防复制压缩唱片”明确规定了标识义务。当时的背景是，防复制压缩唱片有限地进入了商业领域，引起消费者混淆，并不合理地增加了零售商、电子消费品制造商和个人计算机制造商应付消费者投诉的负担，为此，引入新型防复制技术的唱片公司有义务就防复制压缩唱片对播放和复制行为的限制向消费者提供充分的警示。按照该法的要求，未正确标识的即属非法行为，会被认定为不正当竞争或不正当商业行为。

2.《美国数字消费者知情权法》❶ 的规定

《美国数字消费者知情权法》规定，数字产品的生产者和发行者对其所采取的技术措施负有披露义务。此规定的目的，是保证数字信息和娱乐内容的消费者对于可能限制其使用这类内容的技术措施得到预先告知，以便消费者在作出购买决定时将该因素考虑进来。

由此，如果受版权保护的数字内容的生产者或发行者对这类内容的销售或访问设置了技术措施，这种措施将会限制购买者（消费者）在其通常用于该类型内容的设备上播放、复制这类内容，向上述设备传输该内容，或者在不同设备之间传递该内容，那么，生产者或发行者应当在销售之前以清晰、显著的方式向购买者披露这类限制的性质。披露的具体方式，可以是在包装上加贴标签或者其他能够达到披露目的的措施。

---

❶ Digital Consumer Right to Know Act.

（三）法国的相关规定

《法国知识产权法典》中规定了权利人的技术措施披露义务。该法典的第 L331－5 条第 3 款还规定，在尊重著作权的基础上，技术措施不能产生阻碍相互兼容性原则施行的效果。根据该法典第 L331－31 条、第 L331－32 条规定的条件，如果由于技术措施导致互相不兼容或者不能相互操作而限制了作品使用，可以向技术措施的提供者获取互操作性所必需的信息，或者在无法获得有关兼容性的必要资料时，任何软件公司、任何技术系统制造商以及任何服务的运营商，均有权要求高级公署在尊重各方权利的基础上，确保现有系统和服务的交互操作，并从技术措施的权利所有人处获取有关交互操作的必要资料。

（四）德国的相关规定

为防止相关权利人滥用技术措施，《德国著作权法》中不但设置了禁止规避技术措施的限制与例外性规定，还开创性地规定了版权人在技术措施方面的法定义务：版权技术措施标识义务和提供规避版权技术措施的必要手段的义务。

1. 披露技术措施的明确标识义务

《德国著作权法》第 95d 条对技术措施的标识义务作了专门规定。该条款规定，受技术措施保护的著作权及其他保护客体，应当明确显著地标明技术措施的相关特性，并进行说明；为使那些限制性规定中的受益人（使用者）能够行使《德国著作权法》第 95b 条第 2 款所规定的因采用技术措施而产生的相关请求权，权利人也有义务对自己的姓名或公司名称以及自己的通信地址作出说明。

2. 提供对技术措施的规避手段的义务

《德国著作权法》第 95b 条规定，相关权利人有义务提供必要手段，以使技术措施规避例外所覆盖的使用人（“受优待人”）能够获得规避技术措施的必要手段[1]。倘若权利人未履行上述义务，使用人有权提起诉讼，权利人可能要承担《德国著作权法》第111（a）条第1款第（2）项规定的行政责任，集体诉讼也适用该情形。

三、在我国增设技术措施信息披露义务的建议

从最新修正的《著作权法》的相关规定来看，我国对于技术措施的规定部分，基本仍停留在以有限的限制、例外情形来抑制实施技术措施的负面影响的层面，而对技术措施本身可能带来的技术或制度风险，尚未引起足够重视；一旦涉及权利人在采用技术措施方面的相关义务或责任时，现行法基本未给出明确的令人满意的答案。

某种作品是否能够被复制以及与其他设备是否相兼容，对消费者的购买决策具有重要影响。若在法律中要求相关主体将技术措施的相关具体信息清楚明了地标示出来，使消费者对所要购买的商品（或服务）有更充分的了解，便能更好地保障消费者的知情权，维护消费者权益。

通过上述对部分国家或地区对技术措施实施者的义务或责任的规定之介绍，考虑到消费者福利的实现，笔者认为，我国也应在相关法律中明确增加对信息披露（或通知）义务的相关规定。此类规定，既可以规定在我国《著作权法》中，也可以规定在《消费者权益保护法》《电子商务法》《个人信息保护法》《反不正当竞争法》等相关法律或法规文件中。

（一）技术措施信息披露义务的主体

如前所述，美国、法国、德国、欧盟等国家和地区均在立法中明确规

---

[1] 参见《德国著作权法》第95b条第1款。该条款的规定为：“只要权利人根据本法使用了技术措施，就有义务根据下列规定向合法访问著作或者保护客体的受优待人提供必要手段，以使下列规定能在必要范围内得以适用：（1）第45条（司法与公安），（2）第45条a（残障人士），（3）第46条（为教堂、学校或者课堂教学使用的汇编物）教堂使用除外，（4）第47条（学校播放），（5）第52条a（为课堂教学和研究公开提供），（6）第53条（为私人使用或者其他自用的复制）……（7）第55条（广播电视企业进行的复制）。排除本条第1款规定的义务之约定，为无效行为。”《十二国著作权法》翻译组．十二国著作权法［M］．北京：清华大学出版社，2011：336－337.

定了对技术措施的信息披露义务，信息披露义务的主体也比较清楚。

《欧盟消费者权利保护指令》中规定，技术措施信息披露的主体是版权作品经营者，《德国著作权法》中规定的技术措施信息披露的主体是权利人，《美国数字消费者知情权法》中规定，数字产品的生产者和发行者对其所采取的技术措施负有披露义务。从这些规定来看，技术措施的信息披露主体一般是“数字产品的生产者和发行者”或“版权作品的经营者”，还有一类是“权利人”，但无论采用何种表述，大致可分为两类：一是数字产品的生产者、经营者；二是版权人。在某些情况下，版权人就是数字产品的生产者或经营者，兼具双重身份。而技术措施的采用者，既可能是版权人或数字产品的生产者或经营者，也可能是受委托采用技术措施的技术服务提供者。不论是谁实际承担了开发设计、运行某技术措施的任务，最终的受益人还是委托人，而且售后服务或者相关责任的承担主体也还是委托人。此处的委托人要么是该数字产品的生产者（发行者）或经营者，要么是版权人自己，主要是这两种。

笔者认为，在我国，技术措施相关信息的披露义务的主体应当设定为两类。

1. 相关数字产品的生产者或经营者

这符合数字产品产业的发展规律。从数字产品的生产与发行、运行与维护、销售与售后服务等来看，技术措施被相关数字产品采用并发挥作用后，实际的受益人即应承担技术措施披露义务的主体，以实现权利与义务相对等。况且，从消费者权益保护角度看，数字产品的生产者或经营者理应对产品的相关信息（包括所采用的技术措施）进行明确清晰的描述或说明。作为生产、销售商品的获利者（受益者），应对该商品的性能及缺陷、限制等各方面充分了解，并有告知消费者该商品的真实信息的法定义务。

2. 相关版权权利人

如若在作品上采用的技术措施是版权人自己开发的，那么版权人自然清楚地了解技术措施的特性，其很容易在商品上标识技术措施的信息。倘若版权人不具备开发技术措施的能力，其通过委托他人进行开发采用的，但因其是技术措施的实际采用者和受益人，其也可以从受托人处获取有关技术措施的具体信息，从而在商品上标明。

（二）技术措施信息披露的内容

实际上，在规定了技术措施信息披露义务的国家或地区，对披露的内容或方式的规定也不是完全一致的。例如，《欧盟消费者权利保护指令》规定，经营者应当告知消费者关于数字内容的运行方式，必要时还应告知这些数码内容之间的兼容性；《法国知识产权法典》规定，消费者可以从技术措施的提供者处获取互操作性和兼容性所必需的信息；《德国知识产权法》规定，权利人应当明确显著地标明技术措施的特性，权利人也有义务对自己的姓名或公司名称以及其通信地址作出说明。

笔者认为，对我国而言，与技术措施相关的必要信息应当予以明确披露，无论是以在产品上直接标明的方式，或是以官方公告通知，或是以一对一的私下告知等方式。

至于信息披露的具体内容，笔者认为，尚需对相关产业界开展深入的调查研究，了解产业界的需求，广泛听取多方意见或建议，最终在调研论证的基础上确定一个相对合理的方案。由于信息披露涉及多方利益，出于对商业秘密等方面的保护之考虑，我们不宜要求相关生产者、经营者对信息披露的内容特别详尽或充分，而是应以必要为限度。一般认为，关于技术措施对消费者的限制，应当事先披露的情况或内容至少包括以下方面：在时间、空间上对电子信息内容的复制和转换、为防止信息的丢失而做的备份、为了备注的目的对电子内容所作的摘录以及将复制件再转换。

增设信息披露义务是出于对消费者福利的关切，而消费者对技术措施最关心的是其对自己购买商品的影响。至于技术措施本身的技术构成与技术实现机理，可能涉及技术措施开发者的商业秘密或专利。相关技术原理一般不会对消费者的购买决策直接产生影响，因此信息披露义务人重点披露的应当是技术措施的功能性信息，且应标明自己的姓名或企业名称，以确保在商品上无法找到有关技术措施的信息时，消费者能借此联系到义务人以获取相关信息。信息披露者还应确保相关披露信息的真实性。

总之，对于涉及对消费者使用进行限制的内容，应当予以提前披露，否则，消费者对信息技术合法使用的期待往往会落空，造成不公平的心理落差。因此，理所应当尽量确保消费者事先对技术上的限制有足够了解，以便其更好地决定是否购买该产品或服务，在技术发展和市场机制的推动下，仍然保持消费者最大限度灵活性地对电子媒介产品的使用以及合法合理地复制其内容。

（三）技术措施信息披露的方式

技术措施的信息披露义务人应在商品包装上清楚明确地标明技术措施的信息，也可以在广告、宣传、展览中介绍商品时表明其技术措施。当然，其也可通过店堂告示、官方公告或通知（包括点对点、一对一的通知）等形式，抑或在其与消费者签订的双方合同中明确规定与技术措施有关的信息，并告知消费者。相关披露义务人应当对所披露信息的真实性负责，而不能作虚假的或引人误解的表述；其也不能故意隐瞒真实信息，如商品本身的缺陷、可能存在的漏洞等，欺骗消费者。

要制定一个统一的披露规则当然不容易，要求披露技术措施限制的产品和服务是多种多样的，设备和技术措施系统的容量也不一样。我们可以根据实际情况，根据不同的作品内容和不同的传播渠道规定不同的披露方法。

笔者相信，我国能够制定出比较灵活、周全的披露制度，既让消费者能清晰理解，也让著作权人或电子信息产品或服务的生产经营者能够接受。

第三节　特定条件下的解锁义务

一、背景简介："解锁"问题的由来与国外的消费者运动

在美国、日本、加拿大等国，出于消费者的强烈需求，关于"解锁"

问题，已经上演了一幕幕的消费者运动。

（一）美国的情况

在美国，广大用户通过与无线通信网络运营商（以下简称“无线运营商”）签订无线设备使用的独家协议，就能买到享有超低折扣的装有“软件锁”的手机。但在合同履行完毕后，无线运营商并不会为消费者解除“软件锁”，而美国 DMCA 法案又禁止消费者规避技术措施，这就对消费者后续的选择权造成了损害。

在广大消费者的强烈呼吁中，美国于2006 年首次宣布将无线设备解锁行为列入 DMCA 法案禁止规避技术措施的临时例外情形中，允许用户破解包括苹果手机在内的智能手机中的技术措施；这一重要情形在2010 年再次得到豁免，其中，豁免的重要理由之一是版权局认为手机被“锁定”的主要目的是将用户绑定于现有的网络，而非为了保护版权。

2012 年，美国国会图书馆又决定让手机解锁技术的豁免权于2013 年 1 月 26 日到期、终止。一位名叫 Sina Khanifar 的人本来拥有一家为消费者提供手机解锁服务的公司，但在禁令实施后该公司被迫倒闭❶；随后他在白宫的网站发起了一项名为“We the People”的请愿，打算申请将手机解锁合法化，到2013 年 3 月已有 11.4 万名公众签署了请愿书❷。由此，2013 年年底，美国合法解锁的方案——《消费者设备解锁与无线竞争法案》（Unlocking Consumer Choice and Wireless Competition Act）出台了。2014 年，上述法案被正式签署成为法律，赋予了消费者对手机进行解锁的合法权利——手机用户在合约到期后可直接向运营商申请进行解锁。该法案表明，所有的运营商应当在网上公开详细的解锁方案，对于预付费手机用户，一旦用户的合约到期即可申请解锁，运营商需要在两日内完成解锁服务。所有的运营商需要在规定的时间内完成解锁方案的发布，同时声明，手机解锁对用户而言是一种权利，而非特权。

---

❶ 因为解锁的豁免只适用于个体消费者及其自己合法取得的设备。

❷ 谋求美国白宫回应的最低人数要求是 10 万个签名，而此前尚无请愿达到如此多的签名数量。由此可见消费者对手机解锁合法化的强烈需求。

从上述美国无线设备解锁的合法化历程来看，由于技术措施解锁义务的缺失，与手机解锁有关的间接规避技术措施的行为是否“违法”的争议及担忧情绪笼罩了至少十数万美国民众。这个事例也涉及技术措施被滥用的问题。

（二）日本和加拿大的情况

在部分国家，权利人或技术措施实施者（采用者）在提供解锁帮助的同时，可能还会附加不合理的条件。

例如，有一些国家，包括日本、加拿大，都已将合约机的解锁变成了一种义务。日本不再对手机解锁进行收费。加拿大从2017年12月1日起也取消了手机解锁费用，并规定以后出售的手机都不允许加锁[1]。这样一来，在日本，外国人似乎可以买一款夏普、富士通手机然后直接解锁后拿回国用。但2015年5月日本又出台了新的解锁政策，许多日本用户怨声载道，认为新政策实施后反而不如之前的解锁政策，因为并非用户想解锁就能立即解锁。以前各大运营商响应政策号召，也提供解锁服务，用户只要递交申请，交3000日元手续费就能立刻为自己的手机解锁。而实行“义务化”新政策后，要在购入新机6个月后才能申请解锁。另据相关政策，若购机6个月后进行解锁，改用其他虚拟运营商的SIM卡，无形中就等于违反了两年的合约，要另行支付违约金[2]。因此从结果上看，虽然解锁免去了收费，但花费的时间成本和金钱成本并不比出台新政策之前少，甚至代价更高了。主动在手机上上锁的是运营商，消费者还须额外付费去解锁，这是一件不公平的事。所以，手机解锁的义务化本来是件好事，但若像日本这样附加上限制条件，还不如花3000日元解锁来得方便。

日本的上述情况是消费者与相关产业者之间利益的争夺和拉锯战后的结果，相关政策也考虑到了双方利益的平衡，最终形成双方权利与义务的

---

[1] 好消息！今日起，加拿大手机不许加锁并取消解锁费［EB/OL］.［2017-12-02］（2018-01-13）. https://www.sohu.com/a/208037164_99906763.

[2] 中关村在线. 日本手机那些事：合约机解锁正式“义务化”［EB/OL］.［2015-05-09］（2018-01-13）. https://tech.sina.cn/mobile/xp/2015-05-09/detail-iavxeafs7164785.d.html.

分配结果。

（三）对国外消费者运动的简要评述

事实上，手机上的技术措施解锁的合法化问题，并非仅仅是美国或日本民众在无线设备领域的需求，我国广大消费者同样也有强烈需求，相关解锁义务也是我国现行法所缺失的内容之一。不过，手机等无线设备方面的解锁问题，仅仅是笔者所要谈的与技术措施相关的解锁义务中的一个问题，而并非全部。

二、技术措施规制中的"解锁"

虽然上文介绍了美国、日本等国的手机解锁问题，但在技术措施的规制问题上，"解锁"却有另一种不同含义。手机等设备的"解锁"，并不能被认为完全等同于技术措施的"解锁"。

如前所述，技术措施是一种技术手段，其采用的是"全有或全无"的控制模式，因此，其天生容易被实施者（采用者）滥用。一旦出现技术措施被滥用或者法律规定的禁止规避技术措施的限制与例外、合理使用等难以实现时，广大消费者（以及作品的合理使用者）欲规避或破解相关技术措施的需求十分凸显，此时，除通过自行实施规避行为或者寻求他人专业的规避服务外，只能寄希望于申请或请求技术措施实施者提供规避手段了。

此时，立法中若能明确规定一种请求权、申请权或救济权，允许特定主体在特定情况下向技术措施实施者（产品的生产销售商或作品版权人）申请"解锁"，即由被申请人提供规避技术措施的手段，或者使技术措施不再有效运行、变为无效，该问题便能迎刃而解了。显然，尤其是在相关法律禁止相关主体寻求专业的规避服务的情况下，此种解锁义务的法定化就显得更为迫切和重要了。可见，在从消费者福利和作品使用者的角度考虑对技术措施的规制或限制问题时，"解锁"的本质含义是使相关技术措施不再有效、不再发挥作用，包括提供必要的规避手段使其临时、暂时

“无效”。若将“解锁”的含义仅局限于手机等无线设备领域的解除锁定或解除限制，显然是剥夺了其一般性的含义，无异于以偏概全。

三、技术措施解锁义务缺失的危害

作为信息社会和数字环境下保护相关版权人合法权益的一种手段，技术措施虽然使版权人的权益得到了保障，但因缺少对技术措施解锁义务的相关规定，其也必将造成一系列危害，包括妨碍使用人对作品的正常使用、促使间接规避技术措施行为发生、易导致技术措施被滥用等。

（一）妨碍使用人对作品的正常使用

解锁义务的缺失妨碍使用人对作品的正常使用，主要包括两种情况：一是使合理使用无法实现，二是使法律规定的禁止规避技术措施的限制与例外无法实现。

首先，虽然法律规定了若干构成合理使用的情形，但未明确规定使用者能基于合理使用的目的“合法”地规避技术措施。除少数几种法律明确规定的例外情形外，使用人规避或破解技术措施即有构成侵权的风险，这就大大降低了合理使用实现的可能性。2001 年，德国发生了一起诉讼案件，某用户购买了被著作权人实施了保护措施的光盘后，既不能在自己的电脑上播放，又不能进行复制，于是其向在慕尼黑的检察院提起对德国某大型音乐公司的刑事诉讼。这一看似不合情理的诉讼，居然把对作品采取技术措施的著作权人卷入了刑事调查。用户在购买光盘后希望能在自己选定的时间、地点进行欣赏，音乐公司在光盘上采用技术措施就限制了用户以多种方式利用作品的机会。可见，技术措施对合理使用的限制已远超出传统著作权法对作品的控制。

其次，虽然法律对技术措施进行了一定的限制，在少数例外情况下作品使用人可直接规避技术措施，而无须先向权利人申请许可，但并非所有使用人都具备规避所需的技术能力。有学者戏称，许多权利人恨不得将作品加密到如同英格兰银行和美国联邦储备银行那样的保险级别[1]，这就使一般使用人在面对难以破解的技术措施时只能望而却步。即使作品使用人符合了规避技术措施的条件，但因自身能力不足而无法破解技术措施；而法律又明确禁止他人提供规避、破坏技术措施的装置、部件或服务[2]，此时，在缺乏相关技术援助、缺乏必要的帮助义务的情况下，即使是极为有限的例外，也将难以实现[3]。例如，一名教师为课堂教学需要将某电影片段复制到其他存储介质上，若该电影作品被采用了防复制技术措施，教师就无法使用常规手段对电影片断进行复制[4]，而他人又不能向教师提供规避、破坏技术措施的装置、部件及服务。可见此时，在技术措施解锁义务缺失的情况下，使用人对作品的合理使用将受到极大妨碍。

（二）加剧间接规避技术措施行为的频发

那些广泛存在的、对作品有合理使用需求的使用人（包括有视力障碍的弱势群体等），在面对技术措施这把“锁”时，要么放弃对作品的使用，要么只能被迫转而求助于规避服务、规避设备或规避工具。

我国法律法规原则上允许少数情况下的直接规避行为，但禁止向他人提供规避技术措施的装置、部件及服务，即明令禁止间接规避行为。间接规避行为是法律明确规定的违法行为，违法者将受到行政处罚，构成犯罪

---

[1] Jeffrey P. Cunard. Technological Protection of Copyright Management System, A Brief Survey of the Landscape, in International Literary and Artistic Association（ALAI）Congress, Adjuncts and Alternatives to Copyright：ALAI - USA，2001：27.

[2] 也即学界所称的间接规避技术措施的行为。部分国家或地区在法律中明确禁止实施间接规避行为。我国 2020 年 4 月 30 日公布的著作权法“修正案草案”第 48 条也明确禁止对技术措施的间接规避行为。

[3] 罗明东.《著作权法修订草案（送审稿）》的技术措施条款之评述［J］. 知识产权，2016（3）：95.

[4] 根据我国《信息网络传播权保护条例》第 12 条第（1）项的规定，“为学校课堂教学或者科学研究，通过信息网络向少数教学、科研人员提供已经发表的作品、表演、录音录像制品，而该作品、表演、录音录像制品只能通过信息网络获取”的情形下，可以避开技术措施，但“不得向他人提供避开技术措施的技术、装置或者部件，不得侵犯权利人依法享有的其他权利”。

的还会追究刑事责任[1]。实践中，所谓的“翻墙”“越狱”等行为经常存在。既有专门提供规避技术的人，也不乏提供规避工具的人。虽然明知上述行为是违法的，但需求是客观存在的。当正当合法的使用需求无法通过正当合法的途径得以实现时，只能涌向专门提供规避技术、设备、装置等这一出口了。

（三）易导致技术措施被滥用

技术措施的滥用，是指技术措施实施者（采用者）违背了法律对技术措施予以保护的初衷（版权保护），为实现其他目的而利用技术措施的行为。也有学者认为，技术措施的滥用，是指权利人为了保护版权而在作品上采取的技术措施违背诚实信用原则和公认的道德标准，以追求或者放任对使用者合法利益的损害为目的[2]。

由于技术措施最初是由版权人作为保护版权的技术手段被仓促纳入了法律体系，实际技术手段或技术方案往往无须经过相关部门审查批准，而是直接以立法形式加以确认、保护的。与享受的权利相比，技术措施实施者所须承担的义务非常少，就很容易导致实施者对技术措施的滥用。

事实上，在著作权法律制度的设计中，除署名权、修改权、保护作品完整权等人身权外，其他权利几乎都有期限限制，但对技术措施的实施或采用，法律并未规定期限，也未禁止对已超过保护期、进入公有领域的作

[1] 《信息网络传播权保护条例》第 19 条：“违反本条例规定，有下列行为之一的，由著作权行政管理部门予以警告，没收违法所得，没收主要用于避开、破坏技术措施的装置或者部件；情节严重的，可以没收主要用于提供网络服务的计算机等设备；非法经营额 5 万元以上的，可处非法经营额 1 倍以上 5 倍以下的罚款；没有非法经营额或者非法经营额 5 万元以下的，根据情节轻重，可处 25 万元以下的罚款；构成犯罪的，依法追究刑事责任：（一）故意制造、进口或者向他人提供主要用于避开、破坏技术措施的装置或者部件，或者故意为他人避开或者破坏技术措施提供技术服务的；（二）通过信息网络提供他人的作品、表演、录音录像制品，获得经济利益的；（三）为扶助贫困通过信息网络向农村地区提供作品、表演、录音录像制品，未在提供前公告作品、表演、录音录像制品的名称和作者、表演者、录音录像制作者的姓名（名称）以及报酬标准的。”

[2] 梅术文．消费者运动与数字著作权法的完善［J］．法学，2013（8）：103.

品采用技术措施。[1]

四、技术措施解锁义务的理论依据及意义

技术措施解锁义务相关制度的构建，是关系到我国《著作权法》中规定的合理使用、法定许可、技术措施反规避保护的限制与例外等重要制度和重要利益能否得以实现的重要制度，是确保著作权的各种限制与例外能落到实处的重要实施机制之一。其对重新实现著作权人与使用人（产品生产销售商与消费者）之间的利益平衡也是十分重要而迫切的。

（一）该义务是保障使用人正常使用作品的重要手段

在技术措施得到法律保护后，技术控制之上又多了一重法律保护，可谓双重枷锁，使使用人的合理使用受到了严重阻碍。

因为技术是以“全有”或“全无”的方式运作的，技术措施本身无法识别使用者对作品的使用是合理使用还是侵权性使用，为保护版权人的合法权益，不加区分地在作品上采用技术措施，就有“宁可错杀一千，不可放过一个”的意味。因此，法律通过对技术措施实施者解锁义务的规定，能解使用人合理使用的燃眉之急，应使用人的申请，义务主体可及时提供规避手段或相应帮助，如此一来，既能防止他人侵权行为的频繁发生，又不至于对合理使用造成妨碍。

同时，尽管法律法规规定了少数几种禁止规避技术措施的例外情形，但现实中绝大多数人并不具备独立分析、研究并破解或规避技术措施的技术能力，他们也需要技术措施实施者为其解锁提供帮助。以盲人对作品的非营利性使用为例，作为法定的允许规避技术措施的情形，盲人无法用眼睛阅读，只能靠触觉或听觉来感知，此时如何令其规避技术措施成为可能？恐怕只能更多地依靠相关主体对技术措施的解锁义务。有学者指出，法律保护技术措施，同时要求权利人为例外的实施提供便利，可以说是实

[1] 关于在已过保护期的作品上采用技术措施的，该行为是否合法、合理，这个问题尚需进一步探讨，法律上也需进一步明确。

现了双赢[1]。笔者对此表示赞同。

（二）该义务是缓解权利冲突的有效方式

我国的《信息网络传播权保护条例》第 4 条第 2 款规定，“任何组织或者个人不得故意避开或者破坏技术措施，不得故意制造、进口或者向公众提供主要用于避开或者破坏技术措施的装置或者部件，不得故意为他人避开或者破坏技术措施提供技术服务”。该条例第 12 条又规定，“属于下列情形的，可以避开技术措施，但不得向他人提供避开技术措施的技术、装置或者部件……”从这些规定来看，似乎无论是出于合理使用，还是限制与例外情形，他人都不得向使用人（也许包括消费者）提供用于规避技术措施的工具、规避服务或规避手段。

立法者之所以创设法律禁止为获取作品而规避技术措施，其根本目的源于该类技术措施所保护的是著作权人的正当利益[2]。然而，因合理使用或例外情形而生的规避需求，同样也是一种合法权益，需要得到法律保护。当这两种合法权利发生冲突时，一般使用人显然不具备解锁能力，只能求助于提供规避手段或服务的人。而在技术措施解锁义务缺失的情况下，为实现合理使用或例外情形所实施的间接规避行为显然有构成侵权的极大风险。

为有效缓解著作权人与使用人、消费者、例外情形中的“受益人”等主体之间的权益冲突，为避免将出于正当目的而提供规避手段或服务的行为有失公允地判定为违法侵权行为，尽早在法律中明确相关主体的解锁义务，实为上策。

（三）该义务是防止技术措施被滥用的重要举措

国内外均有案例表明，技术措施（权）很容易成为著作权人以保护作品之名、行垄断相关市场或者零配件市场（如捆绑销售）、妨碍正当竞争

[1] Nicola Lucchi. Digital Media & Intellectual Property［M］. Berin：Springer-Verlag，2006：60.

[2] 华劼. 数字出版视域下的反规避技术措施规则延伸性研究［J］. 科技与出版，2017（11）：88.

秩序等之实的工具。如我国第一起通过采用技术措施意图实现软件捆绑销售的司法案例——北京精雕科技有限公司诉上海奈凯电子科技有限公司计算机软件著作权侵权纠纷一案。[1]

实践中，比较典型的滥用行为是在已经超过保护期限的作品上采用技术措施。超过著作权保护期的作品已成为人类共同财富，任何人均可免费使用，但之前已附着在作品上的技术措施，将继续构成对作品使用的限制或障碍，而且技术措施实施者（采用者）也没有动力、压力或者激励机制去“解锁”这种任由技术措施之“锁”继续留存的做法，这也是一种对技术措施的滥用。

技术措施的滥用若是对概括性的社会公众的合理使用利益造成损害，而非对特定对象的人身或财产利益造成损害，或者导致对竞争秩序的破坏或涉嫌垄断，目前法律中似乎尚无明确的法律责任可供适用。从我国司法实践来看，技术措施滥用还仅仅是作为一种著作权侵权的抗辩事由来被动适用的[2]。因此，规定技术措施的解锁义务会是一个好的解决方案，当出现技术措施滥用时，相关使用人有权请求对技术措施的解锁；一方面能阻止对技术措施的滥用，另一方面可以更好地维护公众利益，帮助著作权法重新回归，实现利益平衡。

五、构建我国技术措施解锁义务相关制度的设想

《德国著作权法》规定的禁止规避技术措施的例外情形与合理使用的情形是一样的[3]。《德国著作权法》第 95（b）条第 1 款第（2）项规定，采取技术措施的权利人有义务提供必要手段，以使技术措施规避例外所覆

[1] 该案二审法院认为，原告的 Eng 格式文件不属于“技术措施”，因其功能是完成数据交换而非对 JDPaint 软件进行保护，原告的目的是排除 JDPaint 软件的合法取得者在其他数控系统中使用该软件的可能，因此，被告的破解行为不构成故意避开或破坏技术措施的侵权行为。

[2] 罗明东．《著作权法修订草案（送审稿）》的技术措施条款之评述［J］．知识产权，2016（3）：95.

[3] 《德国著作权法》规定的合理使用包括：公共与安全管理；残障人士；除了宗教外的学校或教学使用；学校广播；可用于教学和科研；私营部门或其他个人用途的复制；没有商业或科学目的的个人学术使用，在一个广播作品中涉及使用者目前的个人信息；广播组织的短暂再现等。

盖的使用人能够获得规避技术措施的必要手段。该法第95条还规定，若权利人未履行上述义务，使用人有权提起诉讼，权利人可能要承担《德国著作权法》第111（a）条第1款第（2）项规定的行政责任，集体诉讼也适用该情形。

上述规定表明，采取技术措施的权利人应当为例外条件下的使用人提供必要的手段，以实现相关条款保障使用人对作品的使用。此规定是比较独特的，本质上即是对技术措施采用者解锁义务的规定，其精神值得我国借鉴。

而在我国最新一轮的《著作权法》修改过程中，由中国人民大学知识产权学院负责起草并提交的《著作权法修订建议稿》第8章第2条明确规定：权利人有义务提供规避技术措施的必要手段，以保证他人合法访问或者获取受技术措施保护的作品或者其他对象。但十分遗憾的是，基于种种原因，该建议稿的上述内容并未被采纳，也未出现在我国《著作权法“修正案（草案）”》中。

从具体的制度结构层面来说，笔者认为，我国技术措施解锁义务的制度建构，应包括解锁的法定情形、解锁的主体、解锁的方式、解锁权的法律救济或保护等方面的重要内容。

（一）技术措施解锁的情形

笔者认为，可以考虑在相关立法中规定申请解锁的以下几种特定情形。

1. 基于消费者权益保护的目的或情形

当技术措施实施者利用技术措施损害消费者权益或有损害消费者权益之虞时，如未经用户或消费者同意自动监视、收集消费者的隐私、相关信息，或者甚至恶意入侵消费者的计算机、系统，导致系统黑屏、影响正常办公等，或者对消费者产生其他不友好的方面、构成违法或侵权时。

2. 基于合理使用的目的或情形

若是作品使用人因合理使用之目的而使用作品，该作品被实施或采用了技术措施，并且对此种技术措施，使用人通过常规手段不能进行破解，则使用人可以向相关义务主体申请其提供解锁帮助，提供必要手段或方法。

3. 禁止规避技术措施的限制与例外的情形

若使用人对作品的使用符合法律法规规定的禁止规避技术措施的限制与例外情形，其应当可以要求相关义务主体为其提供解锁方面的帮助。

4. 技术措施被滥用的情形

若社会公众发现技术措施的采用并非为了保护作品的著作权，而是为了限制竞争或损害消费者合法权益等非法目的，此时，社会公众有权要求著作权人为作品或相关产品解锁、解锁相关技术措施的管控状态。

现实中，在已经超过著作权保护期限的作品上采用技术措施的现象并不少见，这也是典型的技术措施滥用行为之一。此时，社会公众应当也可以以该作品已进入公共领域为由，要求相关义务主体履行对技术措施的解锁义务。

（二）技术措施解锁的主体

解锁义务的权利主体和义务主体的确定十分重要。

1. 技术措施解锁的义务主体

技术措施解锁的义务主体应当首先是技术措施的实施者、采用者。作为与作品关系最密切的主体，同时又是技术措施采用的受益者，由相关著作权人承担对技术措施的解锁义务，也是理所当然的。显然，解锁的义务主体应当为技术措施的实施者和相关著作权人，具体要视申请解锁的原因或情形而定。

首先，从消费者的角度看，当技术措施的实施者即是相关数字内容、电子产品等的生产经营者时，解锁的义务主体（被申请人）应当是技术措施的实施者（同时也是生产经营者）。从提供解锁帮助的技术能力和便利程度来看，一般而言，与单个作品的著作权人相比，技术措施的实施者显然更胜一筹：其既然在作品（或若干作品的集合体）或数字内容、电子产品等产品上采用了技术措施，便能轻松地提供不受技术措施保护的作品的版本，或者提供加密技术的解密钥匙等解密手段或方法。

其次，在有视力障碍等特殊弱势群体中的成员（“受益人”）成为解锁的申请人时，申请人应当拥有选择权，可以选择由技术措施实施者或者相关著作权人提供解锁方面的帮助，或是请求著作权人提供不受技术措施管控的作品的版本。

再次，在合理使用的场合，当有合理使用需求的主体符合特定条件时，应当首先向作品的相关著作权人提出解锁申请；但在相关著作权人无法提供解锁帮助、满足其合理使用需求时，法律应当允许该使用需求人转而向技术措施实施者提出此类解锁申请，但相关著作权人有提供辅助、协助、配合的义务。毕竟，技术措施的实施或管控，有不少是基于相关著作权人的委托、授权或授意，在解锁问题上技术措施的实施者自然需要询问著作权人的意愿。

最后，在技术措施被滥用的情况下，任何社会公众（使用人）均可要求技术措施的实施者或者相关著作权人予以解锁。

2. 技术措施解锁的权利主体

至于技术措施解锁义务的权利主体，可能是消费者，也可能是有视力障碍等在法律上享有特殊保护或豁免的“受益人”，在合理使用情形下是有合理使用需求的人，在禁止规避的限制与例外情形下则为符合条件的使用人，在技术措施被滥用的情形下则为任何社会公众（使用人或消费者）。

（三）技术措施解锁的方式

申请人依法提出解锁申请后，技术措施解锁的义务主体应及时向申请人提供解锁的相关帮助。提出申请后，申请人（使用人）可以与被申请人就如何获取和使用用于合法、合理目的的规避装置、部件或服务达成协议，在使用人需要解锁时，由被申请人自己或其委托的技术人员提供相应设备、技术或服务。

解锁可以有很多形式，可以是提供必要手段、相关装置、部件或服务，如提供加密技术的解密钥匙，也可以直接提供申请人所需的未附加技术措施限制、未实施技术措施管控的作品的版本。

（四）违反技术措施解锁义务的法律责任

无救济即无权利。既然在法律上需要明确规定技术措施实施者在特定条件下对技术措施的解锁义务，这对相对人而言即意味着一种权利；当义务主体不履行自身义务时，需要明确相关的法律责任。从另一角度看，对申请人而言，这是对技术措施解锁权的法律救济手段，十分重要。

1. 德国、瑞典、丹麦等国相关规定之介绍

（1）德国的相关规定。

《德国著作权法》规定，若著作权权利人不履行解锁义务，作品使用人有权起诉，权利人须承担相应的法律责任，可能要承担《德国著作权法》第111（a）条第1款第（2）项规定的行政责任；集体诉讼也适用该情形。与消费者自行规避技术措施的做法相比，德国法更建议受益人援引《德国不作为请求之诉法》第2a条提起不作为之诉。若上述限制性规定的受益人所组成的协会与著作权人之间在使用方式问题上存在某种协议，那么，按照《德国著作权法》第95条第2款第（2）项的规定，法律就推定，这一使用方式已经足够。为使单个的受益人避免在实现自己请求的诉讼过程中的风险、巨大花费以及漫长时间，《德国不作为请求之诉法》第3a条对集团诉讼作了规定。

（2）瑞典的相关规定。

《瑞典文学和艺术作品版权法》第6a章中明确规定，合理使用是对技术措施的一类主要限制。该法第52f条规定，为限制技术措施所列举的合理使用，具体情形包括4种。允许用户基于法律列举的合理使用情形来规避作品上所设的技术措施，但须满足以下4个条件：①出于合理使用之目的规避技术措施的前提是，合理使用人需合法取得上述规定之受保护作品的复制件，合理使用例外并不意味着免费向该使用者提供作品。②该规定不适用于按照协商确定的合同向公众提供的作品、表演或录音制品等，使得公众中的成员能在其个人选择的地点和时间接触这些作品。③合理使用例外仅适用于第三人的直接规避技术措施的行为，而不适用于规避工具的“非法交易”行为等准备行为。④当一项技术措施阻碍合理使用人以上述

方式的使用时，合理使用人可向法院提出请求，要求著作权人解开技术措施，应合理使用人的请求，除处以罚款外，法院还可要求作者及其权利继受人开放技术措施（解锁），以便该使用人能实现以上述规定的方式合理利用作品。

（3）丹麦的相关规定。

《丹麦版权综合法》第6a章第75b～75d条对技术措施相关问题作了规定。该法第75d（1）条规定，为保证用户从版权法规定的限制或例外情形❶中获益，赋予了版权许可法庭❷新的职能来处理与技术措施有关的权利要求。经使用人请求，版权许可法庭可以命令在作品上采用了有效技术措施的版权人为使用人提供使用作品的途径。若版权人在法庭作出裁决后4周内不服从命令，使用人可规避技术措施，且无须承担违反禁止规避技术措施的法律责任。

值得注意的是，当使用人从以上一种或几种限制或例外中获益而请求版权许可法庭命令版权人解开技术措施时，应注意以下几点：a. 该规定仅适用于权利人尽管使用了有效的技术措施，但未通过包括与其他有关各方达成的协议在内的自愿措施，来确保使用人能受益于以上限制或例外情形。❸ b. 以上例外或限制不应适用于版权人按合同约定使公众中的成员在其个人选择的地点和时间获得作品、表演和录音制品等的情形。❹ c. 以上限制或例外应以获益的必要程度为限，且受益人需要对有关的受保护作品、表演和录音制品等享有合法的接触权。d. 用户不享有直接规避技术措施的自助权，而是需要向版权许可法庭提出请求，要求版权人开放技术措

---

❶ 此处的限制或例外情形，包括：①某些社会机构复制广播的行为（第15条）；②档案馆、图书馆、博物馆进行的特殊复制（第16条）；③为保障残障人士的利益而使用［第17（1）～（3）条］；④为了制作教学用选集的使用（第18（1）（2）条）；⑤为神圣的服务或教育活动的公开表演而使用（第21（1）（ii）条）；⑥为介绍或评论已发表的美术作品而使用［第23（1）条］；⑦为了保证行政、议会或司法程序的正常履行而使用（第26～28条）；⑧广播组织为广播目的的法定许可使用（第31条及第68条）。

❷ 该法第47（1）条规定："文化部部长可要求设立版权许可法庭。该法庭由一名主席和两名由文化部部长任命的成员组成。主席应是最高法院的法官。"

❸ 该法第75d（2）条之规定。

❹ 该法第75d（3）条之规定。

施（解锁）并提供其需要使用的作品。

2. 我国的解决方案

笔者认为，产生规避需求的理由或情形是多种多样的，我国可以区分规避技术措施的不同理由，规定相应的救济手段，同时可参考、借鉴上述国家规定中的部分做法或精神，强调实现著作权人与使用人、消费者之间的利益平衡。

总体思路如下：

（1）基于消费者权益保护目的或者在技术措施被滥用时的规避。

当技术措施未经消费者同意自动监视、收集消费者的隐私、相关信息等，甚至恶意入侵消费者的计算机、系统或有其他不友好影响时，或者技术措施被滥用时，对技术措施的规避是合法正当的需求。此时，消费者或使用人可直接使用自助手段对技术措施进行规避，无须承担法律责任。

基于上述理由产生规避需求时，消费者或使用人有选择权，他们既可向产品生产销售商、技术措施实施者或相关著作权人申请解锁，也可以自行采取措施对技术措施进行规避或破解。当上述义务主体拒绝提供解锁帮助时，消费者或使用人应当有权向法院起诉、请求其履行解锁义务，也可以依法提起公益诉讼。

（2）符合禁止规避的限制与例外情形下的规避。

在符合禁止规避的限制与例外情形时，有规避需求的人拥有选择权，其既可以自行规避或破解技术措施，也可以向相关义务主体提出解锁要求，若解锁要求被拒绝，申请人应当有权提起诉讼。

（3）基于合理使用目的的规避。

若对作品有合理使用需求的人为合理使用目的需要规避技术措施的，笔者认为，鉴于合理使用的判定有一定的难度与复杂性，需要个案认定，宜采谨慎态度，应明确适用的前提条件：①合理使用人需以已合法取得受技术措施保护的作品复制件为前提，即使用人对作品享有合法的接触权；②不适用于按照协商确定的合同向公众提供的作品、表演或录音制品等，使公众中的成员能在其个人选择的地点和时间接触这些作品；③仅适用于直接规避技术措施行为，而不适用于规避工具、设备等“非法交易”行为；④合理使用人既可自行实施规避行为，也可向著作权人申请解锁，若请求遭到拒绝或无法实现，其可向法院提起诉讼。

第四节 消费者个人信息（含隐私）保护义务

如前所述，科技进步在给人们生活带来巨大便利的同时，也蕴含着种种风险，其中，对消费者信息、隐私的保护现已成为世界各国普遍热议并重视的问题。

一、外国立法例

许多国家都对消费者隐私保护问题作了明确细致的规定，而与技术措施相关的层面更是倍受重视。笔者认为，一个重要原因在于，技术措施在网络环境下充当收集、跟踪、监视相关用户或消费者的重要工具，已经司空见惯。为此，不少国家和地区都加强了对消费者个人信息、隐私方面的保护。

以美国为例。2012 年《美国消费者隐私权法案》从个人控制、透明度、尊重背景、安全、访问与准确性、限定收集范围、责任担当等 7 个方面对消费者隐私权保护作出了界定。该法案明确了一系列消费者权利，公司应明确告知消费者，其将收集、处理何种个人信息，以及对消费者的个人信息负有一定的保护义务。该法案还着重强调公司使用消费者个人信息的情形必须是基于消费者为使用某公司产品或服务而能预料到该公司使用其信息的目的，需要注意的是，公司必须确实能提供该服务，且个人信息交换对于其提供该项服务是必不可少的。也就是说，对个人信息的收集和使用，其目的是特定的，其必要性是显然的，消费者十分清楚。

再看欧洲。《欧盟信息社会版权指令》（EUCD）的前言第（57）条规定，任何版权管理信息系统在设计的时候，对个人消费方式信息数据的收集以及在线活动的跟踪，应该遵守《欧盟个人数据保护指令》的要求。该指令消费者有权破解向版权人反馈个人信息的技术措施，或者有权利获得必要的工具以破解该措施。

2013 年 2 月 1 日，我国《信息安全技术公共及商用服务信息系统个人信息保护指南》正式实施，要求网络服务提供者在业务活动中收集、使用公民个人电子信息时，应当遵循合法、正当、必要的原则。该指南体现了对于个人数据保护的重视和个人隐私保护的趋势发展，但是其只针对网络服务提供者的数据保护义务和用户权利列了一个基本的框架，缺乏细节支持，也没有完善的监管措施和惩罚措施。2017 年 6 月开始施行的《中华人民共和国网络安全法》，也对网络信息安全作了详细规定，将散见于各种法规、规章中的规定上升到法律层面，从个人信息的收集与处理方式、个人数据权利保障、企业的责任与义务、监管制度等多方面作了较全面的规定。

在亚洲地区，《新加坡著作权法》第 261D 条列举了若干允许规避技术措施的例外情形，其中第（2）项规定为“对能够收集或传播个人身份信息，并反映个人上网习惯的技术措施，若未向使用者做出明显通知的技术措施，仅为确定和禁用此类技术措施的目的而实施的规避技术措施”。笔者认为，该规定值得参考借鉴。

二、消费者个人信息（含隐私）保护义务的具体要求

鉴于网络环境下技术措施采用给消费者隐私带来的巨大威胁，为扭转消费者所处的不利处境，抑制技术措施导致的信息泄露等风险，笔者认为，我国应明确规定技术措施采用者承担消费者隐私（信息）保护义务。

我国《消费者权益保护法》第 14 条规定：“消费者在购买、使用商品和接受服务时，享有人格尊严、民族风俗习惯得到尊重的权利，享有个人信息依法得到保护的权利。”不过，这仅仅是《消费者权益保护法》中的一个宣示性条款，十分抽象，而且，在技术措施的相关立法部分，我国还缺乏明确的衔接和具体规则对技术措施的采用在这方面予以明确规制，并规定相应的法律责任。

首先，采用的技术措施若有收集、调取消费者个人信息或监视消费者行为等功能，技术措施实施者需提前明确告知或通知消费者。

其次，技术措施收集消费者个人信息之前，须征得消费者同意或许可。若消费者明确表示拒绝，则不能收集消费者个人信息，并且不得因此而限制消费者对相关商品或服务的使用。技术措施实施者未经许可收集用户计算机相关信息的，也属于违法侵权行为。

最后，技术措施实施者不得泄露所收集到的个人信息，也不得销售或出卖消费者个人信息。对于合法收集到的消费者个人信息，技术措施实施者除了为其业务运营目的并且不损害消费者权益的情况下才能使用。消费者或用户同意收集信息并不等于允许随意处置信息。通常认为，合法收集或传送用户信息的一个条件是，这些信息是被匿名保护的，无法追溯到任何用户的计算机和个人信息。

总之，在技术措施的使用过程中，只要其被作为一种监视机制影响到消费者的隐私利益，只要其实施、采用、运行、作用过程中造成了对消费者权益的损害或不利影响，都应由技术措施实施者或著作权利人承担相应的法律责任。

第五节　自己责任原则

一、自己责任原则的含义

侵权责任形态是指侵权责任由谁承担、如何承担的问题。我国法律规定的侵权责任形态主要有三种类型结构：一是直接责任与替代责任；二是单方责任与双方责任；三是单独责任与共同责任。直接责任是指对自己的行为或自己管理、控制的物致人损害的后果承担侵权责任。直接责任是“自己责任原则”的体现，要求责任自负，是一般的侵权责任形态。若法无明文规定，民事主体无须对他人的侵权行为承担侵权责任。自己责任原则，是指在一般情况下，民事主体只对自己的加害行为或者准侵权行为造成的损害承担侵权责任，而不对他人造成的损害承担责任❶。自己责任原则既是传统侵权法的基本原则，又是侵权法领域一种典型的侵权责任形态。

在我国，虚假广告责任就是一种典型的自己责任❷形态。在虚假广告的责任承担中，广告主承担的责任是自己责任，广告经营者、广告发布者对此承担附条件不真正连带责任，经营者对虚假宣传造成的损害承担自己责任。广告主无论是因虚假广告造成消费者的损害，还是提供的商品或服务造成消费者的损害，其实都是一个损害，都是自己的违法行为造成的损害，因此应当自己承担侵权赔偿责任❸。虚假宣传的经营者也是如此。这种责任分配规则就是自己责任。广告主的自己责任主要体现在《广告法》和《消费者权益保护法》的规定中。❹

二、自己责任原则对技术措施实施者的适用

笔者认为，在技术措施领域应当适用自己责任原则。技术措施实施者应当对由其实施、采用的技术措施导致的消费者、使用者等的损害，承担相应的法律责任。具体来说，当技术措施的实施、采用、运行或作用等造成消费者权益的损害时，技术措施实施者（采用者）或相关著作权人应对此承担法律责任。

通过规定技术措施实施者的自己责任原则，既可以在事前规范技术措施实施者的行为，又可以在事后使相对方的权益得到充分维护，能达到对技术措施的监督与限制。

---

❶ 张新宝．侵权责任法立法研究［M］．北京：中国人民大学出版社，2009：11.

❷ 自己责任类似于《法国民法典》第1382条规定的，任何人对于自己的过错行为所造成的损害，应当自己承担赔偿责任的责任形态。杨立新．侵权责任法［M］．北京：法律出版社，2015：131.

❸ 杨立新，韩煦．我国虚假广告责任的演进及责任承担［J］．法律适用，2016（11）：48－49.

❹ 参见我国《广告法》第56条第1款和《消费者权益保护法》第45条的规定，即广告主（商品或者服务的经营者）对虚假广告（虚假宣传）造成的损害，自己承担责任。

首先，在设计或具体采用技术措施时，拟采用的技术措施必须是善意的，不得具有恶意性，否则不能得到法律保护，也不得依据著作权法获得禁止规避的法律保护。凡因技术措施的恶意性或攻击性导致消费者（或用户、使用人）的损害时，技术措施应当依法承担民事责任，如恢复原状、赔偿损失等。

其次，在技术措施的使用过程中，当技术措施被作为一种监视机制影响了消费者的隐私利益，包括未经许可擅自收集个人信息，技术措施实施者也应承担相应的法律责任。例如，恶意性技术措施的使用对用户计算机或计算机系统造成了损害，或增加了第三方访问的风险等，也可作为违法行为对待。

（一）民事责任

针对技术措施采用者的侵权行为，法院对侵权者施加的民事责任应当达到三个基本目标：一是使侵权者停止侵权行为，防止损害后果的进一步扩大；二是使消费者所蒙受的损失获得充分的补偿；三是防止侵权者今后继续从事侵权行为。

1. 停止侵害

如果在法院下达判决时侵权行为仍在继续，那么停止侵权将是法院要求侵权人首先应当承担的民事责任。消费者的合法权益受到法律的保护，如果在未经消费者许可的情况下实施侵害消费者合法权益的行为，就如同闯入了他人控制的土地，即构成对消费者权利的直接侵权。此时无论侵权者的主观状态如何，都应承担立即停止侵权行为的民事责任。

2. 消除影响、赔礼道歉

技术措施采用者采用的技术措施如果通过不合法的收集、使用信息造成消费者人身权损害的，无法单纯地通过经济赔偿挽回对消费者造成的损害，法院就应当判令侵权人通过完成某种必要的行为来消除对消费者声誉造成的不良影响或者对消费者进行精神抚慰。

3. 赔偿损失

当技术措施采用者有过错，且导致消费者蒙受损失时，技术措施采用者应承担赔偿损失的民事责任。需要指出的是，侵权人具有过错并非构成直接侵权的要件，但具有过错是承担赔偿损失这一民事责任的前提。没有过错的侵权人虽然也会给消费者造成损害，但这种侵权行为毕竟缺乏道德上的可责备性，规定侵权人承担全部赔偿责任显然不公平。

（二）行政责任

当技术措施采用者的特定侵权行为同时损害公共利益时，侵权人除要根据权利人的诉讼请求和法院判据，向权利人承担民事责任之外，还可能要承担行政责任，即由相关部门对技术措施采用者予以行政处罚。

《欧盟一般数据保护法》第 83 条规定，数据控制者违法进行个人信息处理，后果十分严重的，最高可以实施 2000 万欧元或其上一财政年度全球营业总额 4% 的行政罚款[1]。通过这种严厉的法律制裁手段，对大的互联网企业具有极强的震慑力。因此，我国也可以通过规定技术措施采用者的行政责任，来防止和制裁侵害消费者隐私的行为。

[1] 郑志峰．人工智能时代的隐私保护［J］．法律科学：西北政法大学学报，2019（2）：56.

结　论

技术措施是一把“双刃剑”。在我们现今所处的数字经济时代，技术措施凭借其自身的独特优势，使其在现实中被著作权人、出版商、生产销售商等广泛使用、过度依赖，甚至被滥用的现象或倾向比较明显，而技术措施的广泛实施或采用，对消费者福利、竞争秩序、信息获取与传播等明显有潜在的消极影响，这一点不容忽视，须引起普遍重视。

客观地说，应当承认，技术措施的采用本身，能为广大消费者和社会公众创造福利，部分国际公约也对缔约方为技术措施提供法律保护明确提出了最低保护标准和保护水平的普遍要求，我国现行立法（主要是著作权法等）也较早地确立了对技术措施反规避的法律保护。

然而，基于种种原因，我国相关法律制度规定仍较简陋，精细度不足，且为技术措施提供的反规避保护水平较高，而对技术措施实施者的限制或规制明显不足，不论是技术措施实施者（权利人）的法定义务、责任，还是禁止规避的限制与例外情形等方面，均不足以与技术措施实施者的权利、所受法律保护形成对等或达成平衡状态，这将十分容易导致技术措施实施者法律保护特权的蔓延，不受限制地扩张，吞噬本应属于消费者甚至社会公众（包括广大网络用户）包括合理使用在内的正当权益的正常行使或实现，技术措施本身、技术措施被不当保护甚至被滥用所致消极影响逐渐凸显，尤其是数字产品领域的消费者权益易陷入被技术措施侵害的威胁和危险中。上述状况亟须我们通过法律手段、经济手段等多管齐下，予以矫正。

基于前文对技术措施过度保护、缺乏有效规制可能对消费者权益乃至社会公众利益的潜在消极影响，鉴于目前我国著作权法等法律更多地重在强调对技术措施的法律保护，而对其进行有效规制的配套机制尚有待完善，笔者非常期待，本书的主要观点、主要意见和建议等能引起学界乃至社会各界的共鸣，能引起立法部门的关注和重视。

希望我国在履行了相关国际条约所规定的若干国际义务之后，能和部分缔约方那样，在技术措施的具体保护范围、保护程度（水平）、禁止规避技术措施的限制与例外、相关法律责任等方面，充分考虑本国的实际情况和需求，立法在维系相关利益参与方之间的利益平衡方面更细腻、更精巧，尤其是消费者权益保护方面投射更多的关注。

同时，笔者还将就我国技术措施相关法律制度的立法完善以及司法适用等方面，提出以下几点对策建议，供相关部门参考或借鉴。

一、合理确定我国技术措施反规避保护的范围和水平

（1）需要梳理技术措施的主要类型并进行实证调研，在分析技术措施的种类及其消极影响程度、分析各种规避行为的危害性等基础上，根据我国现实情况，适度地确定对不同种类的技术措施的具体保护范围、保护程度和水平。例如，对于控制访问的技术措施的法律保护，所提供的法律保护应当是有限度的，而非目前立法中比较笼统、高度概括的规定。

（2）应重点考察我国对控制使用的技术措施进行法律保护的必要性，区分与比较针对该种技术措施的直接规避行为与准备行为的性质及其危害严重程度，审视我国目前提供的保护水平是否过高，梳理并明确规定对该种技术措施的保护与合理使用制度之间的关系。

（3）对技术措施规避行为的侵权构成要件进行更细致深入的研究，包括对不同形态、种类的规避行为之定性与传统版权法上的版权侵权行为之间的关系[1]，从而为我国修法过程中形成更细致、完善的法律规定奠定良好的基础。

---

[1] 如《美国数字媒体消费者权利法》规定：若对技术措施的规避并未导致侵犯作品的版权，则不构成违法。制造、散发或生产并非用于侵权的硬件或软件产品，则不构成违法，如果该产品能够适用于对受版权保护的作品显然非侵权的利用。

笔者建议，在涉及对规避行为的定性时，将规避行为与其后的行为联系起来进行综合考量：规避行为之后若有传统版权法上的侵犯版权的行为，则构成违法、侵权；若没有，就不构成违法、侵权。倘若用于规避的工具实际上具有实质性非侵权用途，则该间接规避行为（准备行为）也不构成违法。

二、明确设立技术措施的保护期限制度

为了向社会公开昭示法律为技术措施提供保护的期限限制，遏制实践中种种利用技术措施不当延长对作品等客体的保护期等现象，建议法律明确规定对技术措施的保护期限。

考虑到技术措施的产生和存续是为保护版权而服务的，技术措施的保护期限应由其保护客体的版权保护期限来决定，原则上，技术措施和其保护客体的保护到期日应保持一致，即同时终止。

三、创设技术措施实施者的法定义务与责任制度

为切实提高消费者及社会公众（尤其是深受其害、感受最深的消费者）抵抗技术措施造成的负面影响的能力，笔者建议立法明确为技术措施实施者增设若干法定义务及相应的法律责任。具体建议如下：

（1）信息披露义务。建议法律对与技术措施有关的信息披露的主体、内容和具体方式作出明确规定，从而切实保障广大消费者的知情权和选择自由。

（2）特定条件下的解锁义务。建议法律对技术措施解锁义务的具体适用情形（即适用条件）、权利与义务主体、具体方式以及违反该义务的法律责任作出明确规定，从而切实保障法律规定的各项限制与例外情形得以有效实施。

（3）对消费者个人信息（含隐私）的保护义务。建议法律明确规定技术措施实施者的这一义务，并对其涉及与消费者（及社会公众）有关的个

人信息（含隐私）的收集、使用等方面作出具体要求，同时允许为保护个人信息（含隐私）的目的而直接规避技术措施的行为。

（4）自己责任原则。建议法律明确规定技术措施实施者的自己责任原则，要求其对技术措施导致的相关主体（包括消费者和其他社会公众）的损害后果依法承担相应的法律责任，以确保技术措施所为之“恶”能追溯至明确的责任主体。

同时，建议完善相关法律法规，包括《消费者权益保护法》《电子商务法》《反不正当竞争法》等，尤其要加强在数字媒体、数字产品领域的消费者权益保护的内容。

四、拓展技术措施反规避保护的限制与例外的范围

我国现行法对技术措施反规避保护的限制与例外的范围太过狭窄，例外情形也特别匮乏、严重不足，建议尽快拓展限制与例外的范围，增补和丰富限制与例外的具体情形，抑制技术措施过度保护带来的各种消极影响，让更大范围内的消费者及社会公众受益。

笔者建议在著作权法等法律中增设以下几种限制与例外的具体情形。

（1）为了实现著作权法规定的合理使用的目的而规避技术措施的，允许直接规避技术措施。

（2）为了保护阅读障碍者等弱势群体的利益，直接为其提供或者帮助其获得已发表的作品时，允许直接规避技术措施。

（3）为了保护自身的个人信息（含隐私）等权益不受非法收集、利用或泄露时，允许消费者或其他社会公众直接规避技术措施。

（4）为了保护未成年人的合法权益不受侵害，允许直接规避技术措施。

（5）为了预防技术措施的滥用行为对自身权益造成即将发生的侵害，允许消费者或其他社会公众直接规避技术措施。

（6）增设几种必要的禁止提供规避设备、工具或提供规避服务的例外情形，允许极少数场合的间接规避行为（准备行为），如国家机关为执行

公务的需要、维护国家安全的需要，计算机领域为实施反向工程，等等。

显然，上述 6 种例外情形中，前 5 种针对的都是直接规避行为，而第 6 种是建议为间接规避行为增设少数几种十分必要的例外情形。

在此，特别需要强调的是，若我国仍然维持目前的、同时为控制访问的技术措施和控制使用的技术措施这两种技术措施均提供法律保护，笔者建议对这两种技术措施的保护范围和水平应有所区别；更重要的是，法律对两种技术措施保护的限制与例外情形也应当有所区别，宜分别规定相应的限制与例外情形[1]。

五、明确合理使用制度与技术措施保护之间的关系

作为著作权限制与例外而存在的合理使用制度，与技术措施保护之间水火不容；但对于两者的关系，尤其是协调问题，不少国家采取了回避或暧昧不清的态度。我国亦是如此。

笔者建议法律明确厘清两者的关系，最好是能明确允许相关主体为了实现合理使用而对技术措施采取直接规避行为，从而有效避免现实中法律适用时的困惑或争议，更能有效避免技术措施应用对合理使用制度的阻碍和打击，解决长久以来技术措施保护凌驾于合理使用制度之上的尴尬状况。

当然，基于合理使用目的的规避例外，其适用前提是必须严格遵守著作权法对合理使用构成要件的规定。同时，我们还可以对这项基于合理使用目的的规避例外之适用，创设必要的其他条件。

六、采取有效措施以遏制技术措施的各种滥用行为

鉴于技术措施的广泛采用对消费者及其他社会公众造成的多层面、多领域的消极影响，以及各种技术措施滥用行为频发的现状，笔者认为，最

---

[1] 关于这一点，可以参考《新加坡著作权法》的相关规定和规则，前文已论及，此处不再赘述。

好的解决方案有二。

其一，明确昭示法律的否定性评价——拒绝提供保护，也就是说，一旦技术措施被不当利用即滥用时，该技术措施将丧失法律对其的反规避保护。

其二，增设技术措施滥用时允许规避的例外情形。笔者建议在法律中增设一项为了抵制技术措施滥用行为、保护自身合法权益的新的例外情形，允许消费者或其他社会公众直接规避技术措施。

以上两项建议，第一项能起到釜底抽薪的作用，而第二项能切实增强利益相对方（消费者和其他社会公众）抵制滥用行为并维护自身合法权益的能力。

参考文献*

一、中文论著

（一）著作（含译著）

1. 王迁. 版权法对技术措施的保护与规制研究［M］. 北京：中国人民大学出版社，2018.
2. 王迁. 知识产权法教程［M］. 5版. 北京：中国人民大学出版社，2016.
3. 李昌麒，许明月. 消费者保护法［M］. 北京：法律出版社，2006.
4. 郑万青. 全球化条件下的知识产权与人权［M］. 北京：知识产权出版社，2006.
5. 陶鑫良，袁真富. 知识产权法总论［M］. 北京：知识产权出版社，2005.
6. 孔祥俊. 知识产权保护的新思维——知识产权司法前沿问题［M］. 北京：中国法制出版社，2013.
7. 曼昆. 经济学原理：微观经济学分册［M］. 梁小明，梁砾，译，北京：北京大学出版社，2015.
8. 罗伯特·考特，托马斯·尤伦. 法和经济学［M］. 史晋川，董雪兵，等译，上海：上海人民出版社，2014.
9. 迈克尔·A. 艾因霍恩. 媒体、技术和版权：经济与法律的融合［M］. 赵启杉，译，北京：北京大学出版社，2012.
10. 彼得·达沃豪斯，等. 信息封建主义［M］. 刘雪涛，译，北京：知识产权出版社，2005.

---

* 此处仅列出本书的主要参考文献，而非所有相关参考文献，特此说明。

（二）论文

11. 王迁. 论规制视频广告屏蔽行为的正当性 —— 与“接触控制措施”的版权法保护相类比［J］. 华东政法大学学报，2020（3）.

12. 王迁. 技术措施保护与合理使用的冲突及法律对策［J］. 法学，2017（11）.

13. 郑志峰. 人工智能时代的隐私保护［J］. 法律科学（西北政法大学学报），2019（2）.

14. 陈剩勇，卢志朋. 互联网平台企业的网络垄断与公民隐私权保护——兼论互联网时代公民隐私权的新发展与维权困境［J］. 学术界，2018（7）.

15. 林旭东，马利军，田歆. 数字盗版控制策略研究综述与展望——法律、技术与企业运营层面的分析视角［J］. 管理评论，2018（6）.

16. 华劼. 数字出版视域下的反规避技术措施规则延伸性研究［J］. 科技与出版，2017（11）.

17. 杨立新，韩煦. 我国虚假广告责任的演进及责任承担［J］. 法律适用，2016（11）.

18. 罗明东.《著作权法修订草案（送审稿）》的技术措施条款之评述［J］. 知识产权，2016（3）.

19. 王迁. “技术措施”概念四辨［J］. 华东政法大学学报，2015（2）.

20. 梅术文. DRM 著作权许可中的消费者利益保护［J］. 南京理工大学学报（社会科学版），2015（1）.

21. 梁程，张学军. 数字版权技术措施法律保障现状与本土改良［J］. 中国出版，2014（18）.

22. 黄亮.《马拉喀什条约》视阙下著作权限制与例外制度的重构［J］. 电子知识产权，2014（5）.

23. 陈志宇. 简介美国“消费者网路视讯选择法”草案［J］. 科技法律透析，2014（3）.

24. 张广良. 具有广告过滤功能浏览器开发者的竞争法责任解析［J］. 知识产权，2014（1）.

25. 苏晓智，张波. 创新型消费者权益保护体系构建研究［J］. 湖北社会科学，2013（9）.

26. 梅术文. 消费者运动与数字著作权法的完善［J］. 法学，2013（8）.

27. 肖顺武. 政府干预的权力边界研究——以消费者选择权为分析视角［J］. 现代法学，2013（1）.

28. 黄先蓉，李魏娟. 美国数字出版法律制度的现状与趋势［J］. 中国出版，2012（17）.

29. 吴文平，李长友. 版权技术措施保护中合理使用制度的完善［J］. 电子知识产权，2011（11）.

30. 谢英士. 谁取走我的奶酪？——从公法的视角谈著作权法上的技术保护措施［J］. 网络法律评论，2008（9）.

31. 冯晓青. 知识产权法的价值构造：知识产权法利益平衡机制研究［J］. 中国法学，

2007（1）.
32. 王利明．隐私权内容探讨［J］．浙江社会科学，2007（3）.
33. 郑万青．知识产权与信息自由权——一种全球治理的视角［J］．知识产权，2006（5）.
34. 刘鑫．信息公平：概念、意义与原则［J］．图书馆学刊，2006（5）.
35. 郭禾．规避技术措施行为的法律属性辨析［J］．电子知识产权，2004（10）.
36. 李扬．简论技术措施和著作权的关系［J］．电子知识产权，2003（9）.

二、英文论著

（一）著作

37. Jerry Jie Hua. Toward a more balanced approach: rethinking and readjusting copyright systems in the digital network era［M］. Verlag Berlin Heidelberg: Springer, 2014.
38. Zhong Zheng. Taking private use seriously: a critical evaluation of the legal treatment of private use under Chinese digital copyright law［M］. Frankfurt am Main: Peter Lang GmbH, Internationaler Verlag der Wissenschaften, 2013.
39. Robert P. Merges, Peter S. Menell, Mark A. Lemley. Intellectual property in the new technological age［M］. New York: Wolters Kluwer Law & Business, 2012.

（二）论文

40. Jilian Vallade. Adblock plus and the legal implications of online commercial-skipping［J］. Rutgers Law Review, 2008, 61（3）.
41. JOHN A. Rothchild. The social costs of technological protection measures［J］. Florida State University Law Review, 2007, 34（4）.
42. JOHN A. Rothchild. Economic analysis of technological protection measures［J］. Oregon Law Review. 2005, 84（2）.
43. Joseph P. Liu. Copyright law's theory of the consumer［J］. B. C. L. REV., 2003, 44.
44. Wencke Basler. Technological protection measures in the United States, the European Union and Germany: how much fair use do we need in the "digital world"［J］. Va J. L. & Tech. 2003, 13（8）.
45. Glynn S. Lunney, Jr. The death of copyright: digital technology, private copyright, and

the digital millennium copyright act [J]. VA. L. Rev. 2001, 87.
46. Wendy J. Gordon. Intellectual property as price discrimination: implications for contract [J]. CHI. -KENT L. REV., 1998, 73.
47. Coase R. H. The problem of social cost. Gopalakrishnan C. (eds). Classic Papers in Natural Resource Economics [C]. London: Palgrave Macmillan, 1960.

三、案例类（重点案例）

（一）中国案例

48. 上海市第一中级人民法院民事判决书（2006）沪一中民五（知）初第134号。
49. 上海市高级人民法院民事判决书（2006）沪高民三（知）终字第110号。

（二）美国案例

50. Real Networks, Inc. v. DVD Copy Control Association, 641 F. Supp. 2d 913, 927 - 928 (N. D. Cal. 2009).
51. 387 F. 3d 522, 546 - 47 (2004).
52. 381 F. 3d 1178 (Fed. Cir. 2004).
53. Universal City Studios, Inc. v. Reimerdes, 111 F. Supp. 2d 294, 322n. 159 (S. D. N. Y. 2000).
54. Sony Computer v. Gamemasters, 87 F. Supp. 2d 976, 981 (N. D. Cal. 1999).
55. Sony Corp. of Am. v. Universal City Studios, Ine., 464 U. S. 417 (1984). 41.

（三）法国案例

56. Association U. F. C. Que Choisir v. Société Universal Pictures Vidéo France, Films Alain Sarde, Studio Canal and Syndicat del' Edition Vidéo, Court of Appeal Paris, 06/07506 (4 April, 2007).
57. UFC Que Choisir & Mr. X v. Fnac Paris & Music Warner, Court of Appeal Paris (20 June 2007).

（四）比利时案例

58. Test Achats v. EMI Recorded Music Belgium et al., Brussels Court of Appeal, 2004/AR/

1649 (9 September 2005).

四、电子资源

59.《马拉喀什条约》，https：//wipolex. wipo. int/en/treaties/textdetails/13169.

60.《美墨加贸易协定》，https：//ustr. gov/trade-agreements/free-trade-agreements/united-states-mexico-canada-agreement/agreement-between.

61.《视听表演北京条约》，https：//wipolex. wipo. int/en/treaties/textdetails/12213.

62. 美国2018年颁布的禁止规避技术措施的豁免性规定，https：//www. federalregister. gov/documents/2018/10/26/2018 – 23241/exemption-to-prohibition-on-circumvention-of-copyright-protection-systems-for-access-control.

63. 美国2015年颁布的禁止规避技术措施的豁免性规定，Library of Congress，Exemption to Prohibition on Circumvention of Copyright Protection Systems for Access Control Technologies，80 FR65944 (2015)，https：//www. federalregister. gov/documents.

64. 美国2012年颁布的禁止规避技术措施的豁免性规定，Library of Congress，Exemption to Prohibition on Circumvention of Copyright Protection Systems for Access Control Technologies，77 FR65260 – 1 (2012)，https：//www. federalregister. gov/documents.

65. PARK Y，Scotchmer S. Digital rights management and the pricing of digital products [EB/OL]. http：//www. netinst. org/Park_Scotchmer. pdf. 2004.